Ursel Scheffler · Betina Gotzen-Beek

Meine
Lieblingsmärchen

cbj

Meine Lieblingsmärchen

Neu erzählt von

Ursel Scheffler

Illustriert von

Betina Gotzen-Beek

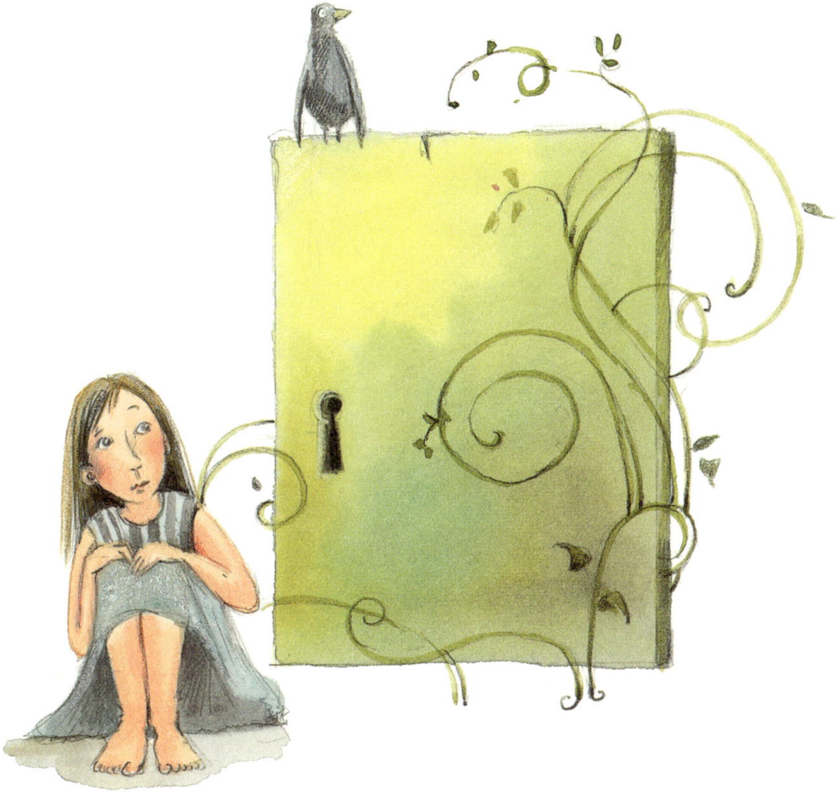

cbj

cbj ist der Kinder- und Jugendbuchverlag
in der Verlagsgruppe Random House

Verlagsgruppe Random House FSC-DEU-0100
Das FSC®-zertifizierte Papier *Profibulk* von Sappi für dieses Buch liefert IGEPA.

1. Auflage
Erstmals als cbj Taschenbuch Dezember 2010
Gesetzt nach den Regeln der Rechtschreibreform
© 2006/2008 cbj Verlag, München,
in der Verlagsgruppe Random House GmbH
Alle Rechte vorbehalten
Umschlag- und Innenillustrationen: Betina Gotzen-Beek
Umschlaggestaltung: Basic-Book-Design, Karl Müller-Bussdorf
MI · Herstellung: CZ
Satz und Litho: Lorenz & Zeller, Inning am Ammersee
Gesamtherstellung: Print Consult GmbH, München
ISBN: 978-3-570-22225-6
Printed in the Slovak Republic

www.cbj-verlag.de

Inhaltsverzeichnis

Vorwort 6

Rumpelstilzchen 10

Der gestiefelte Kater 15

Rapunzel 22

Die Bremer Stadtmusikanten 28

Der süße Brei 34

Aschenputtel 36

Der Wolf und die sieben Geißlein 46

Des Kaisers neue Kleider 50

Dornröschen 56

Zwerg Nase 64

Hänsel und Gretel 72

König Drosselbart 82

Das Märchen vom Fischer und seiner Frau 90

Gänseliesel 98

Das Märchen von Frau Holle oder Goldmarie und Pechmarie 106

Kalif Storch 114

Die Prinzessin auf der Erbse 126

Hans im Glück 129

Schneewittchen 136

Die goldene Gans 147

Der Froschkönig oder Der eiserne Heinrich 153

Liebe Kinder,

die Märchen, die ich euch in diesem Buch erzähle, sind viele hundert Jahre alt, manche sogar schon über zweitausend Jahre. Sie stammen noch aus der Zeit, als die meisten Menschen nicht lesen konnten und keine Bücher hatten – auch keine Märchenbücher. Einer hat sie dem anderen weitererzählt. An Lagerfeuern, in Beduinenzelten, in Spinnstuben oder auf Wanderungen.

Die Märchen kamen von weit her, aus Persien, Indien, Arabien oder China. Sie sind mit Kamelkarawanen über die Seidenstraße gewandert und mit Seefahrern über die Meere. Sie wurden in kleinen Hütten erzählt oder in den prächtigen Räumen am Hof des Sonnenkönigs in Versailles. Ab und zu haben Dichter Märchen in der Sprache ihrer Zeit aufgeschrieben und »Kunstmärchen« daraus gemacht, wie zum Beispiel Hans Christian Andersen oder Wilhelm Hauff. Oder sie haben die Märchen gesammelt und aufgeschrieben, wie die Brüder Grimm.

Aus meiner Kinderzeit sind Märchen nicht wegzudenken. Am schönsten fand ich immer, dass alle Märchen ein gutes Ende finden. Der Kleine, der Dumme, der Unerfahrene, das hässliche Entchen, das Aschenputtel, sie sind zum Schluss die Helden. Die Bösen werden bestraft. Da kann man ganz sicher sein. Im Gegensatz zum wirklichen Leben kann man im Märchen die Guten und Bösen immer leicht auseinander halten.

Am besten lasst ihr euch die Märchen so oft vorlesen und erzählen, bis ihr sie auswendig könnt. Dann könnt ihr sie später anderen weitererzählen – so wie früher, als die Märchen noch nicht in Büchern eingesperrt waren, sondern in den Köpfen und Herzen der Menschen wohnten.

Liebe Eltern,

die Auswahl in dieser Märchensammlung umfasst Geschichten, die unbedingt zur »Kinderzimmer-Grundausstattung« gehören. Und ich hoffe, dass keiner von Ihnen sein Lieblingsmärchen vermisst.

Die uralten Märchenmotive aus der mündlichen Erzähltradition sind bekanntlich zu unterschiedlichen Zeiten, in unterschiedlicher Motivkombination in die europäische Literatur eingegangen (Basile, Perrault, Grimm, Hauff, Bechstein, Andersen, von Fallersleben u. v. a. mehr). Ich habe die Märchen behutsam bearbeitet, teils stark gekürzt (Hauff, Andersen), sprachlich für unsere Kinder verständlich nacherzählt und vereinzelt auf ältere Vorlagen zurückgegriffen (z. B. bei Grimm auf Charles Perrault). Ein Beispiel: Bei Grimm werden zum Schluss den bösen Stiefschwestern aus Rache die Augen ausgepickt oder Hände abgehackt. Ein grausamer Zug aus der Zeit der Romantik, in der diese Version des Märchens aufgeschrieben wurde. Das möchte man unseren Kindern heute nicht mehr zumuten. Ich ziehe hier den älteren Schluss von Charles Perrault aus der Zeit der »höfischen« französischen Klassik vor: Da verzeiht Aschenputtel großherzig ihren Stiefschwestern und verheiratet sie mit Höflingen. Die böse Hexe bei Hänsel und Gretel landet allerdings immer noch im Backofen. Und alle Kinder finden, da gehört sie auch hin. Denn im Märchen muss das Böse bestraft werden und das Gute siegen! Der Ehrliche ist eben nicht der Dumme, sondern der Anständige ist letztlich der Klügere, der Erfolgreiche, der siegreiche Held. Dabei sind Pfiffigkeit und Tricks durchaus erlaubt, um gefährliche Situationen zu meistern. Und der Held schafft auch durchaus nicht alles allein, sondern ist auf die Hilfe von Geistern, Feen, Kobolden oder auf magische Gegenstände angewiesen.

Märchen waren ja ursprünglich keine Kindermärchen, sondern sie wurden Erwachsenen erzählt, und noch heute sieht man auf orientalischen Märkten Märchenerzähler, um die sich verwegen aussehende Männer scharen, die mit Spannung und großen Kinderaugen zuhören. Und die Erfolge unserer Regenbogenpresse mit den Storys über Königshäuser oder die der Telenovelas in unseren Fernsehprogrammen sind der Beweis, dass diese uralte Märchensehnsucht trotz Cyberspace und Internet noch in vielen Erwachsenen schlummert.

Die Märchen entstanden aus Spaß am Fabulieren; sie dienten in erster Linie der Unterhaltung, aber sie enthalten auch versteckte Lebensweisheiten. So können auch »große Kinder« heute noch von Märchen profitieren:

Alle Aupairmädchen und Angestellten im Dienstleistungsgewerbe sollten das Märchen von *Goldmarie und Pechmarie* genau lesen, alle Unzufriedenen und alle, die nie genug kriegen können, das *Märchen vom Fischer und seiner Frau*.

Rumpelstilzchen führt uns vor Augen, wie gefährlich es sein kann, wenn Eltern mit den Talenten ihrer Kinder protzen. PR-Fachleute könnten sich am Marketing-Talent des *Gestiefelten Katers* ergötzen und das Märchen von den *Sieben Geislein* zeigt eindringlich, wie gefährlich es ist, einem Fremden die Tür zu öffnen.

Die Tür zu unserem »Märchenschloss« zu öffnen, ist allerdings total ungefährlich. Schließlich wissen wir, wie man mit Wölfen im Schafspelz umgeht und dass nicht jeder Frosch, den man küsst oder an die Wand wirft, ein Prinz wird. Aber das eine oder andere Zimmer, das wir darin betreten, wird ein Stück Kindheitserinnerung zurückbringen und jedes Märchen, das wir wieder lesen, erzählen und lieben, macht das Märchenschloss in unserem Herzen um ein Zimmer größer.

Ursel Scheffler

Rumpelstilzchen

Es war einmal ein Müller, der hatte eine hübsche und obendrein sehr fleißige Tochter. Eines Tages kam der König an der Mühle vorbeigeritten und bemerkte das schöne Kind.

»Sie ist nicht nur besonders hübsch, sondern auch besonders tüchtig!«, prahlte der Müller. »Sie kann Stroh zu Gold spinnen!«

»Wenn deine Tochter so geschickt ist, wie du sagst, so schick sie morgen in mein Schloss, da will ich sie auf die Probe stellen«, antwortete der König.

Als die Müllerstochter ins Schloss kam, führte man sie in eine Kammer, die ganz voll Stroh lag. Der König deutete auf das Spinnrad und sagte:

»Mach dich an die Arbeit! Wenn du bis morgen früh dieses Stroh nicht zu Gold versponnen hast, so musst du sterben!«

Darauf schloss er die Kammer ab und sie war allein.

Da saß nun die arme Müllerstochter und war ziemlich verzweifelt. Sie hatte keine Ahnung, wie man Stroh zu Gold spinnen konnte. Mit jeder Minute wuchs ihre Angst. Sie weinte.

Da ging plötzlich die Tür auf. Ein kleines Männchen kam herein und fragte: »Warum weinst du, Müllerstochter?«

»Ich soll Stroh zu Gold spinnen, sonst muss ich sterben!«, schluchzte sie.

»Was gibst du mir, wenn ich es für dich spinne?«, fragte das Männlein neugierig.

»Mein Halsband«, sagte das Mädchen.

Das Männchen nahm das Halsband, setzte sich vor das Spinnrad, und *schnurr, schnurr, schnurr, dreimal gezogen,* war die Spule voll. Dann steckte es eine andere auf, und *schnurr, schnurr, schnurr, dreimal gezogen,* war auch die zweite voll. So ging's bis zum Morgen. Als die Sonne aufging, war alles Stroh versponnen, und alle Spulen waren voll Gold.

Als der König das Gold sah, staunte er. Seine Augen glänzten gierig, denn er hätte gern noch mehr davon gehabt!

Daher ließ er die Müllerstochter in eine zweite Kammer bringen, die noch viel größer war, und befahl, wenn ihr das Leben lieb wäre, auch das Stroh in dieser Kammer in einer Nacht zu Gold zu spinnen.

Das Mädchen war verzweifelt und weinte.

Da erschien wieder das kleine Männchen und fragte: »Was gibst du mir diesmal, wenn ich dir das Stroh zu Gold spinne?«

»Meinen Ring«, antwortete das Mädchen.

Der Zwerg nahm den Ring, setzte sich ans Spinnrad, und *schnurr, schnurr, schnurr, dreimal gezogen,* war eine Spule nach der anderen voll. Bis zum Morgen war alles Stroh zu glänzenden Goldfäden gesponnen.

»Müllerstochter hin oder her, eine reichere Frau finde ich in der ganzen Welt nicht«, murmelte der gierige König. Er ließ die Müllerstochter in eine noch größere Kammer voll Stroh bringen und sagte: »Wenn es dir gelingt, das alles in einer Nacht zu Gold zu spinnen, dann sollst du meine Frau werden.«

Als das Mädchen allein war, kam das Männlein zum dritten Mal und fragte: »Was gibst du mir, wenn ich dir noch mal das Stroh spinne?«

»Ich habe nichts mehr, was ich dir geben könnte«, antwortete die Müllerstochter.

»Na gut«, sagte das Männlein. »So versprich mir, falls du Königin wirst, dein erstes Kind.«

Das Mädchen sah keinen anderen Ausweg aus seiner schrecklichen Lage – und dass sie einmal Königin werden würde, glaubte sie schon gar nicht –, so versprach sie dem Männchen, was es verlangte. Dieses setzte sich wieder ans Spinnrad und spann, *schnurr, schnurr, schnurr, dreimal gezogen,* eine Spule nach der anderen mit Goldfäden voll.

Als der König am nächsten Morgen kam und das Gold sah, hielt er tatsächlich sein Versprechen und heiratete die Müllerstochter.

Nach einem Jahr bekam die Königin ein Kind und dachte gar nicht mehr an das Männchen. Da stand es plötzlich in ihrem Zimmer und forderte: »Nun gib mir, was du versprochen hast.«

Die Königin erschrak und bot dem Zwerg alle Reichtümer des Königreichs an, wenn er ihr das Kind lassen wollte.

Aber das Männchen schüttelte den Kopf und sagte: »Nein, nein, nein! Etwas Lebendiges ist mir lieber als alle Schätze der Welt!«

Da fing die Königin so an, zu jammern und zu weinen, dass das Männchen Mitleid bekam. »Drei Tage will ich dir Zeit lassen. Wenn du bis dahin meinen Namen weißt, sollst du dein Kind behalten«, sagte es und verschwand.

Nun besann sich die Königin die ganze Nacht über auf alle Namen, die sie jemals gehört hatte. Sie schickte Boten ins Land, die sich überall erkundigen sollten, was es sonst noch für Namen gab. Als am andern Tag das Männchen kam, sagte sie alle Namen, die sie wusste, der Reihe nach her.

Aber immer wieder kicherte der Zwerg: »So heiß ich nicht.«

Am zweiten Tag ließ sie überall im Land herumfragen, wie die Leute mit den ausgefallensten Namen hießen. Dann sagte sie zu dem Männlein: »Heißt du vielleicht Rippenbiest oder Hammelswade oder Schnürbein?«

Aber der Zwerg kicherte immer: »Nein, so heiß ich nicht.«

Am dritten Tag kam der Bote wieder zurück und erzählte:

»Leider hab ich keinen einzigen neuen Namen finden können. Aber als ich hinter dem hohen Berg an die Waldecke kam, wo sich Fuchs und Has Gute Nacht sagen, sah ich da ein kleines Haus. Vor dem Haus brannte ein Feuer und um das Feuer sprang ein kleiner, lächerlicher Zwerg. Er hüpfte auf einem Bein und sang:

Heute back ich, morgen brau ich,
übermorgen hol ich der Königin ihr Kind.
Ach, wie gut, dass niemand weiß,
dass ich Rumpelstilzchen heiß!

Da könnt ihr euch denken, wie froh die Königin war, als sie den Namen hörte, und als das Männlein kam und fragte:

»Nun, Frau Königin, wie heiß ich?«, fragte sie erst:

»Heißest du Kunz?« – »Nein!« – »Heißest du Hinz?« – »Nein.« –

»Heißt du etwa … Rumpelstilzchen?«

»Das hat dir der Teufel gesagt! Das hat dir der Teufel gesagt!«, schrie der Zwerg und stieß mit dem rechten Fuß vor Zorn so tief in die Erde, dass er bis an den Leib hineinfuhr. Dann packte er wütend den linken Fuß mit beiden Händen und riss sich selbst mitten entzwei.

Der gestiefelte Kater

Ein Müller hinterließ seinen drei Söhnen seine Mühle, einen Esel und einen Kater: Der älteste bekam die Mühle, der zweite den Esel, der jüngste Sohn Hans den Kater.

»Ich bin am schlechtesten dran«, beklagte sich der Hans. »Mein ältester Bruder kann das Korn mahlen, mein zweiter kann auf seinem Esel reiten, aber was kann ich mit einem Kater anfangen? Ich kann mir vielleicht ein paar Pelzhandschuhe aus seinem Fell machen. Das ist alles!«

»Alles, was recht ist«, schnurrte der Kater, der alles verstanden hatte. »Wegen einem Paar Fellhandschuhen brauchst du mich nicht gleich umzubringen. Lass mir lieber beim Schuster ein Paar Stiefel aus feinem Leder machen, damit ich ausgehen und mich überall sehen lassen kann. Du sollst es nicht bereuen!«

Hans staunte über den seltsamen Wunsch. Aber weil gerade der Schuster vorbeikam, ließ er dem Kater ein Paar Stiefel anmessen.

Als sie fertig waren, bedankte sich der Kater, nahm einen Sack, füllte den Boden mit Korn und band ihn oben zu. Dann warf er den Sack über die Schulter und ging – wie ein Mensch – auf seinen zwei gestiefelten Beinen zur Tür hinaus.

Damals regierte ein König im Land, der für sein Leben gern Rebhühner aß. Die scheuen Tiere waren allerdings sehr schwer zu fangen. Das wusste der Kater, und er hatte sich genau überlegt, wie er die Rebhühner überlisten wollte: mit einer Rebhuhnfalle.

Er machte den Sack mit den Körnern auf und legte sich hinter einer Hecke auf die Lauer.

Die Rebhühner ließen nicht lange auf sich warten. Sie wurden von den Körnern angelockt und hüpften, eins nach dem andern, in den Sack hinein. Der Kater band schnell den Sack zu und lief mit seiner Beute geradewegs zum Schloss.

»Halt? Wohin?«, rief die Schlosswache streng.

»Zum König«, antwortete der Kater.

»Ein Kater zum König? Bist du verrückt?«, knurrte der Wächter.

»Lass ihn ruhig gehen«, brummte sein Kollege. »Der König hat doch so oft Langeweile. Vielleicht freut er sich über den verrückten Kater!«

Als der Kater in den Thronsaal kam, machte er eine bodentiefe Verbeugung vor dem König und sagte: »Mein Herr, der Graf Carabas, lässt sich dem Herrn König empfehlen und schickt ihm hier Rebhühner, die er soeben in Schlingen gefangen hat.«

Der König freute sich über die schönen, fetten Rebhühner. Er ließ eine Hand voll Gold aus der Schatzkammer holen, warf sie dem Kater in den Sack und sagte: »Bring das deinem Herrn und dank ihm für sein Geschenk.«

Der arme Hans saß zu Hause am Fenster und bereute längst, dass er sein letztes Geld für die Stiefel des Katers ausgegeben hatte. Und jetzt war der undankbare Kerl auch noch davongelaufen! Als er so grübelte, kam der Kater zur Tür hereingepoltert, öffnete den Sack und schüttete das Gold auf den Tisch.

»Da hast du das Geld für meine Stiefel zurück. Und noch ein bisschen mehr. Außerdem lässt dich der König grüßen und dir vielen Dank sagen.«

»Wieso bedankt sich *der König* bei mir?«, fragte Hans und sah staunend auf den unerwarteten Geldsegen.

Der Kater erzählte ihm alles und sagte dann: »Du hast jetzt zwar Geld genug, lieber Hans. Aber du sollst noch reicher werden. Lass mich nur machen!«

Am nächsten Tag ging der gestiefelte Kater wieder auf die Rebhuhnjagd und brachte seine Beute ins Schloss. Wieder bekam er eine reiche Belohnung dafür. So ging es viele Tage. Beim König war der pfiffige Kater bald so beliebt, dass er aus und ein gehen durfte, wie er wollte.

Eines Morgens stand der Kater in der Schlossküche am Herd und trank ein Glas warme Milch.

Da kam der Kutscher herein und fluchte: »Ich wollt heute ins Wirtshaus gehen, verflixt noch mal. Bin verabredet zum Kartenspielen. Und jetzt soll ich den König und die Prinzessin am See spazieren fahren.«

Als der Kater das hörte, arbeitete es in seinem klugen Köpfchen. Der See war ganz in der Nähe der Mühle. Die Chance sollte man nutzen! Er flitzte nach Haus zu seinem Herrn und sagte: »Hans, wenn du ein Graf werden willst und steinreich, so komm mit mir hinaus an den See und bade.«

»Verrückte Idee!«, fand Hans. »Außerdem ist heute kein Badewetter!« Aber dann folgte er doch seinem Kater zum See, zog sich aus und sprang ins Wasser. Der Kater nahm seine Kleider und versteckte sie unter einem Stein. Keine Sekunde zu früh, denn jetzt kam die Kutsche des Königs angefahren.

Der gestiefelte Kater stellte sich auf den Stein und winkte aufgeregt mit den Pfoten.

Der König öffnete das Fenster und rief: »Was ist denn los?«

»Zu Hilfe! Räuber! Überfall! Mein Herr, der Graf Carabas hat im See gebadet, da kam ein Räuber mit schwarzem Umhang und stahl ihm die Kleider. Nun ist mein Herr nackt im Wasser und kann nicht heraus. Ich fürchte, er wird sich erkälten und sterben.«

Der König schickte einen seiner Diener zum Schloss zurück und befahl ihm, Handtücher und die schönsten Kleider zu holen, die er finden könnte.

Als Hans trocken war und die prächtigen Kleider anhatte, musste er sich zum König und zu der Prinzessin in die Kutsche setzen, um sie bei ihrer Spazierfahrt zu begleiten.

Die Prinzessin war nicht böse darüber, denn der Graf war jung und schön und gefiel ihr auch angezogen recht gut. Und der König bedankte sich unterwegs noch mal für die schmackhaften Rebhühner, die der verrückte Kater ins Schloss gebracht hatte.

Der gestiefelte Kater aber war längst vorausgelaufen, um die Spazierfahrt auf seine Weise vorzubereiten. Als er zu einer großen Wiese kam, wo über hundert Leute waren und das Heu zusammenharkten, fragte er: »Wem gehört die Wiese, ihr Leute?«

»Dem großen Zauberer«, antworteten die Bauern.

»So hört, gleich wird der König in seiner goldenen Kutsche vorüberfahren. Wenn er fragt, wem die Wiese gehört, so antwortet: ›Dem Grafen von Carabas‹. Wenn ihr das nicht tut, geht es euch an den Kragen, und ich mache Hackepeter aus euch.«

Weil die Leute von dem Zauberer ohnehin nichts Gutes gewohnt waren, glaubten sie dem Kater.

Der Kater lief weiter und kam an ein riesiges Kornfeld. Da waren gerade mehr als zweihundert Leute damit beschäftigt, das Korn zu schneiden.

»Wem gehört das Korn, ihr Leute?«, fragte der Kater.

»Dem großen Zauberer«, antworteten die Schnitter.

»So hört: Gleich wird der König in seiner goldenen Kutsche vorbeifahren. Wenn er fragt, wem das Kornfeld gehört, so antwortet: ›Dem Grafen von Carabas‹. Wenn ihr das nicht tut, geht es euch an den Kragen, und ich mache Hackepeter aus euch!«

Die Leute ließen sich einschüchtern, denn sie dachten, dass der Kater der böse Zauberer selbst wäre.

Endlich kam der Kater an einen prächtigen Wald. Da standen mehr als dreihundert Leute. Sie fällten die großen Eichen und machten Holz.

»Wem gehört der Wald, ihr Leute?«, fragte der Kater.

»Dem großen Zauberer«, antworteten die Holzfäller.

»So hört: Gleich wird der König in seiner goldenen Kutsche vorbeifahren. Wenn er fragt, wem der Wald gehört, so antwortet: ›Dem Grafen von Carabas‹. Wenn ihr das nicht tut, geht es euch an den Kragen, und ich mache Hackepeter aus euch.«

Der Kater lief weiter. Eingeschüchtert sahen ihm die Leute nach.

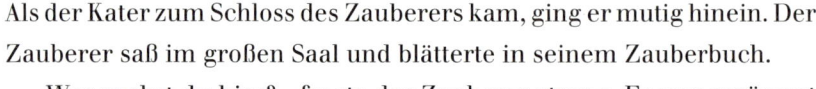

Als der Kater zum Schloss des Zauberers kam, ging er mutig hinein. Der Zauberer saß im großen Saal und blätterte in seinem Zauberbuch.

»Was suchst du hier?«, fragte der Zauberer streng. Er war verärgert über die Störung.

Der Kater machte eine tiefe Verbeugung und sagte: »Großer Zauberer, ich hab gehört, dass Ihr Euch in jedes Tier verwandeln könnt. Was einen Hund, Fuchs oder Wolf betrifft, da will ich es gerne glauben. Aber dass Ihr Euch auch in einen Elefanten verwandeln könnt, das scheint mir ganz unmöglich. Deshalb bin ich von weit her gekommen, um mich selbst davon zu überzeugen.«

»Tierverwandlung? Kleinigkeit!«, sagte der Zauberer von oben herab. »Das ist Zauberschule für Anfänger!«

Er blätterte in seinem Buch, murmelte einen Zauberspruch und war im gleichen Augenblick ein riesiger Elefant. So groß, dass sein Rücken bis an den Kronleuchter reichte.

»Großartig«, sagte der Kater. »Aber könnt Ihr Euch auch in einen Löwen verwandeln?«

»Kleinigkeit!«, sagte der Zauberer, murmelte einen Zauberspruch und stand eins, zwei, drei als fauchender Löwe vor dem Kater.

Der Kater tat erschrocken und rief: »Oje! Das ist in der Tat unglaublich! Aber noch viel unglaublicher wäre es, wenn Ihr Euch auch in ein so kleines Tier wie eine Maus verwandeln könntet. Doch das ist sicher selbst für den größten Zauberer der Welt zu schwierig?«

Der Zauberer war geschmeichelt und sagte freundlich: »Kleinigkeit, liebes Kätzchen, das kann ich auch!«

Er murmelte wieder einen Zauberspruch und schon lief er als Maus im Saal herum. Der Kater sprang hinter ihm her, fing die Maus mit einem geschickten Pfotengriff und fraß sie auf.

Inzwischen war der König mit dem Grafen und der Prinzessin bei der großen Wiese angekommen.

»Wem gehört das Heu?«, fragte der König.

»Dem Grafen von Carabas«, riefen die Bauern.

»Ihr habt da ein schönes Stück Land, Herr Graf«, sagte der König zu Hans. Der wusste nicht, wie ihm geschah, aber er konnte sich schon denken, wer hinter der Sache steckte!

Als die goldene Kutsche am großen Kornfeld vorbeirollte, rief der König aus dem Fenster: »Wem gehört das Kornfeld, ihr Leute?«

»Dem Grafen von Carabas«, antworteten die Schnitter.

»Ei, Herr Graf, große, schöne Ländereien habt ihr da!«, staunte der König.

»Wem gehört das Holz, ihr Leute?«, fragte der König, als sie bei den Holzfällern am Wald ankamen.

»Dem Grafen von Carabas«, antworteten die Holzfäller.

Der König staunte und sagte: »Ihr müsst ein reicher Mann sein, Herr Graf. Ich glaube nicht, dass ich einen so prächtigen Wald besitze.«

Endlich kamen sie an das Schloss des Zauberers.

Der Kater erwartete sie oben an der Treppe.

Als die goldene Kutsche hielt, sprang er herab, riss die Tür auf und rief: »Herr König, seid willkommen im Schloss meines Herrn!«

Der König stieg aus und bestaunte das stattliche Gebäude, das größer und schöner war als sein eigenes Schloss.

Hans reichte der Prinzessin die Hand und führte sie die Treppe hinauf in den Saal, der ganz von Gold und von Edelsteinen flimmerte.

Bald darauf verlobte sich die Prinzessin mit dem Grafen Hans von Carabas, und als der König starb, wurde Hans sein Nachfolger und der pfiffige Kater sein Erster Minister.

Rapunzel

Es waren einmal ein Mann und eine Frau, die wünschten sich schon lange vergeblich ein Kind. Endlich war die junge Frau schwanger.

»Bald sind wir eine richtige Familie!«, freute sich der Mann.

Eines Tages stand die junge Frau am Fenster und sah in den Nachbargarten hinüber, in dem die schönsten Blumen, Kräuter und Gemüse wuchsen. Der Garten gehörte einer mächtigen Zauberin, die von aller Welt gefürchtet wurde, und er war von einer hohen Mauer umgeben.

Der Blick der jungen Frau fiel auf ein Beet mit Rapunzel-Salat. Der sah so frisch und grün aus, dass sie gern davon gegessen hätte. Aber sie wusste ja, dass es unmöglich war. Ihr Verlangen nach dem frischen Feldsalat wurde täglich stärker. Sie sah schon ganz blass und elend aus, so sehnte sie sich danach.

»Siehst du die Rapunzeln dort?«, fragte sie ihren Mann. »Ich hab das Gefühl, ich sterbe, wenn ich sie nicht bekomme!«

Der Mann, der seiner geliebten Frau jeden Wunsch von den Augen ablas, kletterte in der Abenddämmerung über die Mauer in den Garten der Zauberin.

Eilig riss er eine Hand voll Rapunzeln aus und brachte sie seiner Frau nach Hause. Die machte sogleich Salat daraus und aß ihn voller Heißhunger.

Er schmeckte ihr so gut, dass sie am nächsten Tag noch dreimal so viel Appetit darauf verspürte.

Da stieg ihr Mann noch einmal über die Mauer.

Als er am Salatbeet stand, erschien plötzlich die Zauberin und rief zornig: »Wie kannst du es wagen, über die Mauer zu klettern und meine Rapunzeln zu stehlen? Das soll dir schlecht bekommen!«

»Verzeiht!«, rief der Mann. »Ich bin kein Dieb. Ich hab es nur meiner schwangeren Frau zuliebe getan. Sie hat Eure Rapunzeln vom Fenster aus gesehen und sich so danach gesehnt, dass sie ganz krank davon wurde.«

»Soso«, sagte die Zauberin und lächelte listig. »Sie erwartet ein Kind? Nun, dann will ich dir gestatten, Rapunzeln mitzunehmen, so viel du tragen kannst. Allerdings unter einer Bedingung: Ich krieg das Kind, das ihr bekommt. Es soll ihm gut gehen und ich will für es sorgen wie eine Mutter.«

Der Mann versprach in seiner Angst alles, was die böse Frau von ihm forderte.

Als das Kind zur Welt kam, erschien die Zauberin sofort am Wochenbett. Noch ehe sich die Eltern wehren konnten, entführte sie das kleine Mädchen und nahm es mit auf ihr Zauberschloss. Sie gab ihm den Namen Rapunzel.

Rapunzel wuchs zu einem hübschen jungen Mädchen heran. Als es zwölf Jahre alt war, schloss es die Zauberin in einen Turm ein, der mitten im Wald lag und weder Treppe noch Tür hatte. Ganz oben war ein kleines Fensterchen. Hinter dem lag Rapunzels Turmstübchen. Wenn die Zauberin zu ihr hinaufwollte, stellte sie sich unten vor den Turm und rief:

Rapunzel, Rapunzel,
lass dein Haar herunter!

Rapunzel hatte lange, prächtige Haare, fein wie gesponnenes Gold. Wenn sie nun die Stimme der Zauberin vernahm, band sie ihren langen Zopf los, wickelte ihn oben um einen Fensterhaken und ließ ihre Haare hinunter wie eine Strickleiter. So konnte die Zauberin hinaufklettern.

Das ging ein paar Jahre so. Da wollte es der Zufall, dass ein Königssohn auf der Jagd in den Wald der Zauberin kam. Er hörte in der Ferne wunderschönen Gesang. Das war Rapunzel, die sich in ihrer Einsamkeit die Zeit damit vertrieb, mit den Vögeln um die Wette zu singen.

Der Königssohn kam zu dem Turm und suchte nach einer Tür, um dem Geheimnis des wunderbaren Gesanges auf die Spur zu kommen.

Aber da war keine Tür! Er ritt nach Hause. Aber der Gesang ging ihm nicht mehr aus dem Sinn, und er ritt jeden Tag hinaus in den Wald, um ihn zu hören.

Als er einmal hinter einem Baum stand und voller Sehnsucht zum Turm hinübersah, kam die Zauberin und rief:

Rapunzel, Rapunzel,
lass dein Haar herunter!

Da erschien der Kopf eines wunderschönen Mädchens am Turmfenster. Sie ließ ihren langen Zopf herunter und die Zauberin kletterte daran zu ihr hinauf.

Der Königssohn dachte: Ist das die Leiter, auf der man hinaufkommt, so will ich auch einmal mein Glück versuchen.

In der Dämmerung schlich sich der Königssohn zum Turm und rief:

Rapunzel, Rapunzel,
lass dein Haar herunter!

Gleich darauf fielen die Haare herunter und der Königssohn kletterte hinauf.

Zuerst erschrak Rapunzel gewaltig, als ein Mann zu ihr in die Turmkammer kam. Aber der Königssohn redete ganz freundlich mit ihr und erzählte ihr, dass er von ihrem Gesang angelockt worden sei, und dass er keine Ruhe mehr gefunden hätte, bis er sie gefunden hatte.

Allmählich verlor Rapunzel ihre Scheu vor dem Prinzen. Außerdem fand sie es viel aufregender, sich mit einem jungen Prinzen zu unterhalten, als mit der alten Zauberin.

Von da an besuchte der Königssohn Rapunzel, so oft er konnte, und als er sie nach einiger Zeit fragte, ob sie seine Frau werden wollte, sagte sie Ja.

Rapunzel hatte Angst vor der bösen Zauberin. Und dann überlegte

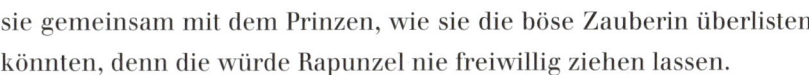

sie gemeinsam mit dem Prinzen, wie sie die böse Zauberin überlisten könnten, denn die würde Rapunzel nie freiwillig ziehen lassen.

»Bring, jedes Mal wenn du kommst, einen Strang Seide mit«, schlug Rapunzel vor. »Daraus will ich eine Leiter flechten. Wenn sie fertig ist, klettere ich hinunter und du reitest mit mir davon.«

Weil der Königssohn immer in der Dämmerung kam und die Zauberin bei Tage, ging eine Weile alles gut. Aber dann verplapperte sich Rapunzel, denn sie sagte: »Wie kommt es nur, Frau Patin, dass Sie viel schwerer heraufzuziehen sind als der junge Königssohn?«

»Was muss ich da erfahren!«, rief die Zauberin wütend. »Ich dachte, ich hätte dich von der Welt weggesperrt, und du hast mich betrogen!« In ihrem Zorn packte sie die schönen Haare von Rapunzel und schnitt sie – ritschratsch – ab.

Sie brachte Rapunzel an einen einsamen Ort. Dann lauerte sie am Turm dem Prinzen auf, denn den wollte sie ebenfalls bestrafen!

Die böse Frau befestigte Rapunzels abgeschnittenen Zopf oben am Fensterhaken, und als der Königssohn kam und rief:

Rapunzel, Rapunzel,
lass dein Haar herunter ... !

ließ sie die Haare hinab. Der Königssohn kletterte flink hinauf, aber er fand oben nicht seine liebste Rapunzel, sondern die böse Zauberin, die ihn mit giftigen Blicken ansah und höhnisch rief:

»Der schöne Vogel sitzt nicht mehr im Nest. Er singt nicht mehr: Die Katze hat ihn geholt und wird dir auch noch die Augen auskratzen! Du wirst Rapunzel nie wiedersehn!«

Da sprang der Königssohn, außer sich vor Schmerz und Verzweiflung, vom Turm herab. Er überlebte den Sturz, aber die Dornen, in die er fiel, zerstachen ihm die Augen.

Lange irrte er blind im Walde umher, aß nichts als Wurzeln und Beeren und beklagte den Verlust seiner geliebten Rapunzel.

Nach langer Zeit erst ritt er durch Zufall durch den abgelegenen Wald, in dem Rapunzel arm und einsam in einer Höhle lebte. Sie hatte inzwischen Zwillingen das Leben geschenkt: einem Jungen und einem Mädchen.

Der blinde Prinz vernahm aus der Ferne den Klang der geliebten Stimme und lief darauf zu. Rapunzel erkannte ihn sofort! Sie fiel ihm um den Hals und weinte. Zwei von ihren Tränen benetzten seine Augen, da wurden sie wieder klar und er konnte damit sehen wie früher. Er setzte Rapunzel und die Kinder auf sein Pferd und brachte sie heim in sein Reich, wo er begeistert empfangen wurde.

Die Bremer Stadtmusikanten

Es war einmal ein Müller, der hatte einen Esel, der viele Jahre lang für ihn die Säcke zur Mühle geschleppt hatte. Jetzt war der Esel alt und konnte nicht mehr richtig arbeiten.

Da wollte ihn der Müller auch nicht länger füttern. Aber hungern und sterben wollte der Esel auch nicht. So lief er fort und machte sich auf den Weg nach Bremen. Er hatte gehört, dass man dort Stadtmusikanten suchte.

Unterwegs traf der Esel einen alten Jagdhund, der müde am Wegrand lag und nach Luft schnappte.

»Was ist los mit dir?«, fragte der Esel voller Mitleid.

»Ach«, sagte der Hund, »mein Herr wollte mich totschlagen, weil ich alt und schwach bin. Da bin ich davongelaufen.«

»Weißt du was«, sagte der Esel, »komm mit mir nach Bremen. Wir könnten Stadtmusikanten werden. Ich spiele die Laute und du schlägst die Pauke. Was hältst du davon?«

Dem Hund gefiel die Idee sofort und er schloss sich dem Esel an.

Nach einer Weile entdeckten die beiden eine Katze, die auf einem Stein saß. Sie sah ziemlich unglücklich aus.

»Sag, was ist dir in die Quere gekommen, alter Bartputzer?«, fragte der Esel. »Warum machst du so ein trauriges Gesicht?«

»Wer kann lustig sein, wenn's einem an den Kragen geht?«, antwortete die Katze. »Weil meine Zähne stumpf werden und ich lieber hinter dem Ofen sitze und träume, als nach Mäusen zu jagen, hat mich meine Hausfrau ersäufen wollen. Ich konnte gerade noch aus dem Sack entwischen. Aber wo soll ich hin?«

»Du machst doch gern Nachtmusik?«, sagte der Esel. »Komm mit uns nach Bremen. Dort suchen sie Stadtmusikanten.«

Die Katze hielt das für eine gute Idee und ging mit.

Wenig später kamen die drei an einem Bauernhof vorbei. Auf dem Tor saß der Haushahn und krähte aus Leibeskräften. Es klang wie ein Hilfeschrei.

»Was ist los mit dir?«, fragte der Esel.

»Oje! Die Bäuerin hat eben zur Köchin gesagt, dass es mir an den Kragen geht. Am Sonntag kommen Gäste und da soll ich in den Suppentopf. Jetzt schrei ich, solange ich noch kann.«

»Geh lieber mit uns«, sagte der Esel, »etwas Besseres als den Tod findest du überall. Du hast eine kräftige Stimme. Lass uns zusammen in Bremen Stadtmusikanten werden.«

Der Hahn war von der Idee begeistert und ging mit.

Aber bis nach Bremen war es noch weit. Gegen Abend kamen sie zu einem Wald, in dem sie übernachten wollten. Der Esel und der Hund legten sich unter einen großen Baum, die Katze kletterte auf einen Ast, der Hahn aber flog bis in den Baumwipfel, wo er sich am sichersten fühlte. Ehe er einschlief, sah er sich noch einmal nach allen Seiten um. Da entdeckte er in der Ferne ein Licht.

»Freunde, dahinten ist Licht. Da muss ein Haus sein!«, rief er und flatterte wieder vom Baum herunter. »Kommt! Vielleicht können wir dort bequemer übernachten.«

»Und ein paar Knochen mit etwas Fleisch dran wären auch nicht zu verachten«, knurrte der Hund, als sie sich auf den Weg machten. Er schnüffelte. »Es duftet nach Gebratenem!«

Sie folgten dem Licht und dem Bratenduft. Schließlich standen sie vor einem erleuchteten Haus. Der Esel war der größte und konnte durchs Fenster hineinspähen.

»Was siehst du, Grauschimmel?«, fragte der Hahn gespannt.

»Eine Räuberbande sitzt am Tisch und lässt sich's schmecken!«

»Und unsereinem knurrt der Magen«, brummte der Hund.

Die Tiere überlegten, wie sie die Räuber verjagen könnten. Und dann hatten sie eine Idee:

Der Esel musste sich mit den Vorderfüßen auf das Fensterbrett stellen. Der Hund sprang auf seinen Rücken, die Katze kletterte auf den Hund. Der Hahn flog hoch und setzte sich der Katze auf den Kopf.

Auf ein Zeichen hin fingen alle vier an, Musik zu machen: Der Esel schrie, der Hund bellte, die Katze miaute und der Hahn krähte, so laut er konnte. Dann drückten die vier das Fenster auf und stürzten in die Stube hinein.

Die Räuber fuhren erschrocken in die Höhe. Die Lampe fiel um. Das Licht ging aus. Sie dachten, ein schreckliches Gespenst käme hereingeflattert, und sie rannten davon, so schnell sie konnten.

Jetzt machten es sich die vier Musikanten gemütlich. Sie zündeten am Herdfeuer die Lampe wieder an, nahmen den Braten vom Spieß, setzten sich an den Tisch und aßen mit großem Appetit.

Als sie satt waren, löschten sie das Licht aus und suchten sich einen bequemen Schlafplatz. Der Esel legte sich in den Hof, der Hund hinter die Tür, die Katze auf den warmen Ofen und der Hahn flog auf den Dachbalken. Weil sie satt und müde waren, schliefen sie bald ein.

Als die Geisterstunde vorbei war und die Räuber von weitem sahen, dass kein Licht mehr im Haus brannte, sagte der Räuberhauptmann: »Wir hätten uns von diesen komischen Gespenstern nicht so schnell verjagen lassen sollen!«

Er schickte einen Kundschafter zum Haus, der nachsehen sollte, ob jetzt die Luft rein war.

Der Räuber ging in die Küche, um ein Licht anzuzünden. Und weil er die feurigen Augen der Katze für Kohlenglut hielt, hielt er ein Zündholz daran. Aber die Katze verstand keinen Spaß, sprang ihm ins Gesicht, spie und kratzte. Da erschrak er gewaltig und wollte zur Hintertür hinaus. Aber da lag der Hund. Der sprang auf und biss ihn ins Bein, und

als er über den Hof rannte, gab ihm der Esel noch einen tüchtigen Tritt mit dem Hinterfuß. Der Hahn, der vom Lärm aus dem Schlaf geweckt und munter geworden war, rief vom Balken herab: »Kikeriki«.

Da lief der Räuber in panischer Angst zu seinem Hauptmann zurück und keuchte: »Im Hause sitzt eine gräuliche Hexe. Die hat mich angefaucht und mit ihren langen Fingern mein Gesicht zerkratzt. Vor der Tür steht ein Mann mit einem Messer, der hat mich ins Bein gestochen, auf dem Hof liegt ein schwarzes Ungetüm, das hat mit einer Holzkeule auf mich losgeschlagen! Und oben auf dem Dach sitzt der Richter und ruft: *»Bring mir den Diiiieb!«*

Wen wundert es, dass die Räuber schleunigst das Weite suchten!

Den vier Bremer Stadtmusikanten gefiel es aber so gut in dem Haus, dass sie gar nicht wieder herauswollten.

Und so wartet Bremen heute noch auf seine Stadtmusikanten.

Der süße Brei

Es war einmal ein armes Mädchen, das lebte mit seiner Mutter allein in einem alten Haus am Rand der Stadt. Als sie nichts mehr zu essen hatten, ging das Kind hinaus in den Wald, um Beeren zu sammeln.

Da begegnete ihm eine alte Frau, die sagte zu ihm: »Hier ist ein Töpfchen für dich. Wenn du ihm befiehlst: ›Töpfchen, koche!‹, dann kocht es süßen Hirsebrei, und wenn du sagst: ›Töpfchen, steh!‹, so hört es wieder auf zu kochen.«

Das Mädchen lief froh nach Haus und brachte den Topf seiner Mutter. Nun konnten sie süßen Brei essen, sooft sie wollten, und brauchten nicht zu verhungern.

Einmal war das Mädchen nicht zu Hause. Da bekam die Mutter Hunger, nahm den Topf und sprach: »Töpfchen, koche!«

Da kochte das Töpfchen süßen Brei und die Mutter aß sich satt daran. Als sie wollte, dass der Topf wieder aufhörte zu kochen, wusste sie das richtige Zauberwort nicht. Der Topf kochte und kochte. Der Brei stieg über den Rand, füllte die Küche und das ganze Haus und das Nachbarhaus, dann die Straße und die ganze Stadt, als wollte es die halbe Welt satt machen. Die Not war groß und keiner konnte helfen.

Endlich, als nur noch ein Haus zu sehen war, kam das Mädchen heim. Es sagte nur: »Töpfchen, steh!«

Da hörte das Töpfchen zu kochen auf. Wer aber von da an in die Stadt wollte, der musste sich durch einen Berg von süßem Brei essen.

Aschenputtel

Es war einmal ein junges Mädchen, das lebte viele Jahre glücklich und zufrieden im Haus seiner Eltern. Aber dann wurde die Mutter sehr krank.

Als sie merkte, dass ihr Ende nahe war, rief sie ihre Tochter zu sich ans Bett und sagte: »Mein liebes Kind, bleib fromm und gut, so wird der liebe Gott dir beistehen. Und ich werde vom Himmel auf dich heruntersehen und immer bei dir sein.«

Darauf schloss sie die Augen und starb.

Das Mädchen ging jeden Tag hinaus zum Grab der Mutter, um dort zu beten und ihr nah zu sein.

Als der Winter kam, deckte der Schnee ein weißes Tuch über das Grab, und als die Sonne es im Frühjahr wieder weggezogen hatte, nahm sich der Mann eine neue Frau.

Die Stiefmutter brachte zwei Töchter mit ins Haus. Die waren zwar äußerlich hübsch, aber in ihren Herzen waren sie sehr hässlich. Sie ärgerten ihre Stiefschwester, wo sie nur konnten.

Der Vater war ein Kaufmann und oft auf langen Reisen. Das war eine schlimme Zeit für das arme Mädchen.

»Soll die dumme Gans faul bei uns in der Stube sitzen?«, lästerten die bösen Schwestern. »Sie soll in die Küche gehen, da gibt es genug zu tun!«

Sie nahmen ihr die guten Kleider weg und legten dafür einen alten grauen Kittel und Holzpantoffeln hin. Das arme Mädchen musste von morgens bis abends arbeiten. Sie musste im Morgengrauen aufstehen, Wasser tragen, Feuer machen, putzen, kochen und waschen. Abends musste sie sich zum Schlafen neben den Herd in die Asche legen. Und weil sie darum immer staubig und schmutzig aussah, nannten sie alle das *Aschenputtel.*

Einmal, als der Vater wieder auf die Messe reisen wollte, fragte er die Töchter, was er ihnen mitbringen sollte.

»Schöne Kleider«, sagte die eine.

»Perlen und Schmuck«, die Zweite.

»Und was willst du?«, fragte er seine eigene Tochter.

»Nehmt den ersten Zweig, der Euch auf Eurem Heimweg an den Hut stößt, und brecht ihn für mich ab«, antwortete das Aschenputtel.

Der Vater kaufte auf der Messe für die beiden Stiefschwestern schöne Kleider, Perlen und Schmuck. Als er auf dem Rückweg an einem Gebüsch vorbeiritt, streifte ihm ein Haselzweig den Hut vom Kopf.

Da brach er den Zweig ab und nahm ihn für seine Tochter mit, wie sie es sich gewünscht hatte.

Als er nach Hause kam, gab er den Stieftöchtern, was sie sich gewünscht hatten, und dem Aschenputtel gab er den Haselzweig. Aschenputtel dankte ihm dafür und ging zum Grab der Mutter.

Dort pflanzte es den Zweig ein und weinte dabei so sehr, dass Tränen auf die Blätter tropften. Der kleine Zweig wuchs rasch und wurde ein Baum.

Immer wenn Aschenputtel traurig war oder Sorgen hatte, ging es zum Grab ihrer Mutter. Fast immer kam dann ein kleiner weißer Vogel angeflogen und setzte sich auf den Baum. Und wenn Aschenputtel sich etwas wünschte, so warf es der weiße Vogel herab.

Eines Tages waren die beiden Stiefschwestern ganz aufgeregt.

Der König gab ein großes Fest, das drei Tage dauern sollte. Alle unverheirateten Mädchen im Land waren dazu eingeladen, damit sich sein Sohn eine Braut aussuchen konnte. Auch in Aschenputtels Haus war eine Einladung gekommen. Die beiden Stiefschwestern redeten von da an nur noch darüber, was sie anziehen und wie sie sich herausputzen wollten, um dem Königssohn zu gefallen.

Sie riefen Aschenputtel und befahlen: »Kämm uns die Haare, bürste uns die Schuhe und mache uns die Schnallen fest. Wir gehen zum Fest im Königsschloss!«

Aschenputtel gehorchte und bediente sie. Ach, wie gern wäre sie mitgekommen zum Tanz!

Sie nahm allen Mut zusammen und bat ihre Stiefmutter, ob sie vielleicht mitdürfte.

Die Stiefmutter lachte nur spöttisch und sagte: »Du bist voll Staub und Schmutz und willst aufs Königsschloss? Du hast keine Kleider und Schuhe und willst trotzdem tanzen? Nein, Aschenputtel. Daraus wird nichts.«

Aber Aschenputtel hörte nicht auf, darum zu bitten.

Da sagte die Stiefmutter schließlich: »Na gut: Da hab ich dir eine Schüssel Linsen in die Asche geschüttet. Wenn du die Linsen in einer Stunde wieder ausgelesen hast, so kannst du mitkommen.«

Aschenputtel ging durch die Küchentür in den Garten und rief:

Turteltauben! Turteltauben!
Kommt und helft mir Linsen klauben.
Die guten ins Töpfchen,
die schlechten ins Kröpfchen!

Da kamen zwei weiße Tauben zum Küchenfenster herein. Sie flatterten über die Asche und begannen, die Linsen herauszupicken. Pik, pik, pik, pik – wanderten alle guten Körner in die Schüssel. Nach kurzer Zeit waren sie fertig damit und flogen davon.

Aschenputtel brachte die Linsenschüssel zur Stiefmutter und sagte: »Ich bin fertig. Darf ich jetzt mit zum Fest?«

Die Stiefmutter musterte sie verächtlich von oben bis unten und sagte dann spöttisch: »So hässlich wie du aussiehst, blamierst du uns nur! Nein, Aschenputtel, du bleibst zu Hause!«

Dann kehrte sie ihm hochmütig den Rücken zu und eilte kurz darauf mit ihren zwei prächtig herausgeputzten Töchtern davon.

Als alle fort waren, lief Aschenputtel zum Haselbaum am Grab und rief:

*Bäumchen, rüttle dich und schüttle dich,
wirf Gold und Silber über mich!*

Da warf der weiße Vogel ein silbrig glitzerndes Kleid herunter und mit Silber bestickte Seidenschuhe. Schnell schlüpfte Aschenputtel in das kostbare Kleid und ging zum Ball im Schloss. Als sie durch die Tür trat, sahen alle zu ihr hin. Auch die Schwestern und die Stiefmutter.

»Woher die vornehme Dame wohl kommt?«, rätselten alle.

Der Königssohn forderte Aschenputtel zum Tanz auf und ließ sie nicht mehr los. Wenn ein anderer kam und mit ihr tanzen wollte, sagte er: »Das ist meine Tänzerin.«

Kurz vor Mitternacht wollte Aschenputtel nach Hause gehen. Der Königssohn hielt sie fest und sagte: »Ich gehe mit und begleite dich!« Aber ehe er sich's versah, entwischte sie ihm und sprang die Treppe hinunter und lief davon.

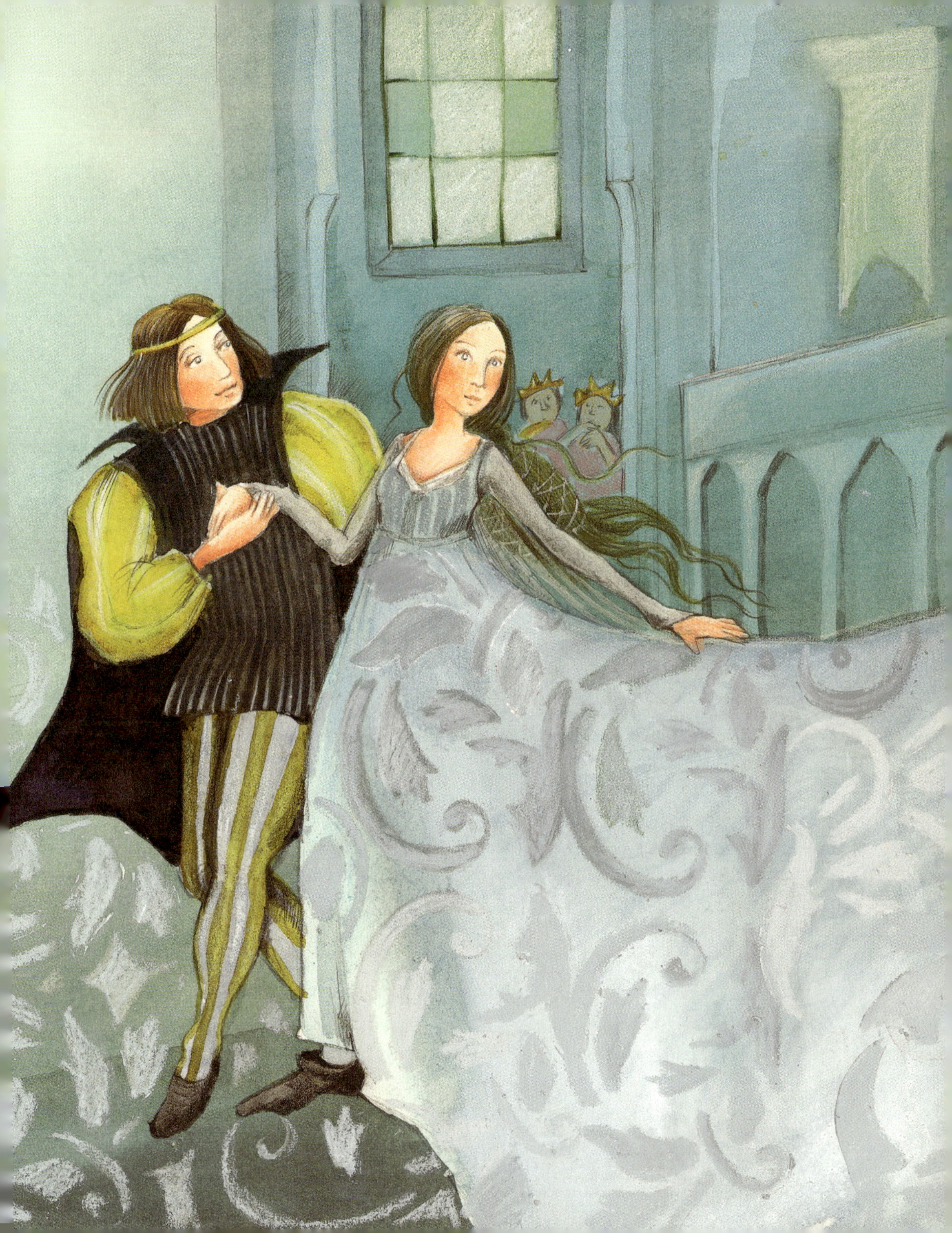

Am zweiten Tag ging das Fest weiter. Aschenputtel fragte erst gar nicht, ob sie mitdurfte.

Als Stiefmutter und Stiefschwestern fort waren, lief sie zum Haselbaum und sagte:

*Bäumchen, rüttle dich und schüttle dich,
wirf Gold und Silber über mich!*

Da warf der Vogel ein Kleid herab, das mit Gold und Silberfäden bestickt war. Als Aschenputtel damit auf dem Ball erschien, staunten wieder alle über ihre Schönheit. Der Königssohn hatte schon ungeduldig auf sie gewartet. Als er sie endlich entdeckte, lief er gleich auf sie zu und forderte sie zum Tanz auf. Wieder tanzte er nur mit ihr allein.

Aber kurz vor Mitternacht verschwand Aschenputtel. Der Prinz ließ überall nach ihr suchen. Vergeblich!

Am dritten Tag ließen sich Stiefmutter und Stiefschwestern mit einer Kutsche abholen, denn es taten ihnen vom Tanzen schon die Füße weh. Aschenputtel ging wieder zum Bäumchen am Grab der Mutter und sagte:

*Bäumchen, rüttle dich und schüttle dich,
wirf Gold und Silber über mich!*

Nun warf der Vogel ein goldenes Kleid herab und dazu goldene Schuhe. Als es zum Ball kam, waren alle wie geblendet. Der Königssohn tanzte wieder den ganzen Abend nur mit ihr. Als Mitternacht näher kam, hielt er sie fest an der Hand und ließ sie nicht aus den Augen.

Diesmal entkommt sie mir nicht!, dachte der Königssohn. Er hatte heimlich ein paar Treppenstufen mit Pech bestreichen lassen.

Als Aschenputtel wieder davonlief, blieb der Schuh an der Treppe hängen. Der Königssohn hob ihn auf. Das Mädchen war verschwunden. Aber diesmal hatte er wenigstens ihren Schuh. Er war klein, zierlich und goldfarben.

»Keine andere soll meine Frau werden als die, an deren Fuß dieser goldene Schuh passt«, sagte er und schickte Boten aus, die nach dem Mädchen suchen sollten.

Die beiden Schwestern freuten sich, als die Boten mit dem Probierschuh kamen, denn sie hatten schöne Füße. Die Älteste wollte ihn anprobieren, aber der Schuh war ihr zu klein. Der große Zeh passte nicht hinein.

Da gab ihr die Mutter ein Messer und flüsterte:

»Hau ein Stück vom Zeh ab! Wenn du Königin bist, brauchst du sowieso nicht mehr zu Fuß zu gehen. Da fährst du in der Kutsche.«

Das Mädchen ging in ihre Kammer, schnitt den großen Zeh ab und zwängte den Fuß in den Schuh hinein. Es biss die Zähne zusammen und ging hinaus zu den Königsboten. Die ritten mit ihr fort. Sie mussten aber am Friedhof vorbei, da saßen zwei Tauben auf dem Haselbaum und riefen:

Ruckedigu, ruckedigu!
Blut ist im Schuh!
Der Schuh ist zu klein,
die rechte Braut sitzt noch daheim.

Da entdeckten die Boten Blutstropfen am Schuh. Sie bemerkten den Betrug, kehrten um und brachten die falsche Braut wieder nach Hause. Jetzt wollte sich die zweite Schwester den Schuh anziehen. Sie ging in die Kammer und kam mit den Zehen glücklich in den Schuh. Aber die Ferse war zu groß!

Da reichte ihr die Mutter ein Messer und sagte:

»Schneid ein Stück von der Ferse ab! Wenn du Königin bist, brauchst du nicht mehr zu Fuß gehen. Da fährst du in der Kutsche.«

Das Mädchen schnitt ein Stück von der Ferse ab, zwängte den Fuß in den Schuh. Es unterdrückte den Schmerz, so gut es konnte, und ging hinaus. Die Boten hoben sie aufs Pferd und ritten mit ihr fort. Als sie am Haselbaum vorbeikamen, riefen die beiden Täubchen:

> *Ruckedigu, ruckedigu!*
> *Blut ist im Schuh!*
> *Der Schuh ist zu klein,*
> *die rechte Braut sitzt noch daheim.*

Der Bote, auf dessen Pferd sie saß, bemerkte jetzt, dass Blut aus dem Schuh drang und die weißen Strümpfe ganz rot färbte. Da wendete er sein Pferd und brachte die falsche Braut wieder nach Hause.

»Vielleicht passt der Schuh ja mir!«, sagte Aschenputtel, die unter der Tür stand und ihren Schuh erkannte.

Die beiden Schwestern lachten sie aus.

Aber der königliche Bote sah sie an und sagte:

»Warum nicht? Der Prinz hat uns befohlen, den Schuh bei allen hübschen jungen Mädchen zu probieren!«

Aschenputtel schlüpfte ganz leicht in den Schuh. Er saß wie angegossen!

Den beiden Stiefschwestern fielen fast die Augen aus dem Kopf, als die königlichen Boten Aschenputtel auf das Pferd hoben und mit ihm fortritten, um sie zum Königsschloss zu bringen. Dort zog man ihr schöne Kleider an und brachte sie zum Prinzen.

Der konnte sein Glück kaum fassen. Sie kam ihm bei Tageslicht noch schöner vor als nachts auf dem Ball.

Bald wurde die Hochzeit gefeiert. Und weil Aschenputtel ein gutes Herz hatte, lud sie auch ihre Stiefmutter und ihre Stiefschwestern ein. Die fielen vor ihr auf die Knie und baten sie um Vergebung für alles, was sie ihr angetan hatten.

Aschenputtel verzieh ihnen und suchte später unter den Höflingen und Ministern passende Männer für sie aus.

Auch die beiden Tauben waren zufrieden, denn als die Hochzeitskutsche mit dem Brautpaar durch das Schlosstor fuhr, gurrten sie:

> *Ruckedigu, ruckedigu!*
> *Kein Blut ist im Schuh!*
> *Der Schuh ist nicht ist zu klein,*
> *die rechte Braut, die führt er heim.*

Der Wolf und die sieben Geißlein

Es war einmal eine alte Geiß, die hatte sieben junge Geißlein. Eines Tages wollte sie in den Wald gehen und Futter holen. Da rief sie alle sieben herbei und sagte:

»Liebe Kinder, ich muss hinaus in den Wald. Seid inzwischen brav, sperrt die Tür gut zu und nehmt euch in Acht vor dem Wolf! Wenn ihr ihn hereinlasst, dann frisst er euch mit Haut und Haaren. Der Bösewicht verstellt sich oft. Aber an seiner rauen Stimme und an seinen schwarzen Pfoten werdet ihr ihn gleich erkennen.«

Die Geißlein riefen: »Liebe Mutter, du kannst ohne Sorge fortgehen. Wir passen schon auf.«

Da machte sich die alte Geiß beruhigt auf den Weg.

Es dauerte nicht lange, da klopfte jemand an der Haustür und rief: »Macht auf, ihr lieben Kinder, eure Mutter ist da und hat jedem von euch etwas mitgebracht!«

Aber die Geißlein hörten an der rauen Stimme, dass es der böse Wolf war.

»Wir machen nicht auf«, riefen sie, »du bist nicht unsere Mutter. Die hat eine sanfte Stimme, deine Stimme aber ist ganz rau. Du bist der Wolf!«

Da ging der Wolf fort zum Krämer, kaufte sich ein großes Stück Kreide und aß es auf. Jetzt klang seine Stimme viel feiner und heller.

Dann kam er zum Geißenhaus zurück, klopfte an die Haustür und rief: »Macht auf, ihr lieben Kinder, eure Mutter ist da und hat jedem von euch etwas mitgebracht!«

Unvorsichtigerweise hatte der Wolf seine schwarze Pfote auf das Fensterbrett gelegt.

Das sahen die Kinder und riefen: »Wir machen nicht auf! Unsere Mutter hat keine schwarze Pfote wie du. Du bist der Wolf!«

Da lief der Wolf zum Bäcker und sagte:

»Ich habe mir den Fuß angestoßen, streich mir Teig darüber!«

Danach lief er zum Müller und befahl ihm:

»Streu mir weißes Mehl auf meine Pfote!«

Der Müller ahnte, dass der Wolf jemanden betrügen wollte, und weigerte sich. Aber der Wolf sagte:

»Wenn du nicht tust, was ich sage, fresse ich dich!«

Da fürchtete sich der Müller und machte ihm die Pfote weiß.

Nun ging der Bösewicht zum dritten Mal zum Geißenhaus, klopfte an und sagte mit heller Stimme: »Macht auf, Kinder, euer liebes Mütterchen ist da und hat jedem von euch etwas mitgebracht!«

Die Geißlein riefen: »Zeig uns zuerst deine Pfote!«

Da legte der Wolf die Pfote auf das Fensterbrett. Als die Geißlein sahen, dass sie weiß war, glaubten sie dem Wolf und machten die Tür auf.

Die Geißlein erschraken zu Tode, als der Wolf mit weit aufgerissenem Maul in die Stube sprang. Sie rannten überall in der Stube herum, um sich zu verstecken. Das eine sprang unter den Tisch, das zweite ins Bett, das dritte in den Ofen, das vierte in die Küche, das fünfte in den Schrank, das sechste unter die Waschschüssel, das siebente in den Kasten der Wanduhr. Aber der Wolf fand sie und verschluckte eines nach dem andern.

Nur das Jüngste in dem Uhrkasten, das fand er nicht.

Als der Wolf satt war, legte er sich in einiger Entfernung draußen auf der grünen Wiese unter einen Baum und fing an zu schnarchen.

Nicht lange danach kam die alte Geiß nach Hause. Vor Schreck blieb ihr fast das Herz stehen: Die Haustür stand sperrangelweit offen, Tisch, Stühle und Bänke waren umgeworfen, die Waschschüssel lag in Scherben, Decken und Polster waren aus dem Bett gezogen. Sie suchte ihre Kinder und rief sie nacheinander bei ihren Namen. Aber niemand antwortete.

Endlich, als sie das Jüngste rief, antwortete eine feine Stimme: »Liebe Mutter, ich stecke im Uhrkasten!«

Da holte die Mutter das zitternde junge Geißlein aus seinem Versteck. Es erzählte ihr schluchzend, was passiert war.

Die alte Geiß weinte bitterlich und beklagte ihre sechs Kinder.

Als sie vor das Haus trat, hörte sie in der Ferne lautes Schnarchen. Sie entdeckte den schlafenden Wolf unter dem Baum und bemerkte, dass es in seinem vollen Bauch wackelte und zappelte. Oje, dachte sie, sollten meine armen Kinder, die er zum Nachtmahl hinuntergewürgt hat, etwa noch am Leben sein?

Sie holte eine Schere und schnitt dem Bösewicht den Bauch auf. Kaum hatte sie den ersten Schnitt getan, da streckte auch schon ein Geißlein den Kopf heraus. Und als sie weiterschnitt, sprangen nacheinander alle sechs heraus. Sie waren alle heil und gesund, denn der Wolf hatte sie in seiner Gier ganz hinuntergeschluckt.

Das war vielleicht eine Freude! Sie umarmten ihre Mutter und tanzten vor Freude.

»Psst! Nicht so laut!«, flüsterte die Mutter. »Jetzt geht und sucht große Steine. Damit wollen wir dem bösen Wolf den Bauch füllen, solange er noch schläft!«

Da schleppten die sieben Geißlein in aller Eile Steine herbei und stopften dem Wolf damit den Bauch voll. Die Geißenmutter holte Nadel und Zwirn und nähte den voll gefüllten Wolf wieder zu. Der Wolf schlief so fest, das er gar nichts bemerkte.

Als der Wolf aufwachte, kam er nur mit Mühe auf die Beine. Außer-

dem hatte er höllischen Durst. Er wankte
zum Brunnen, um dort zu trinken. Unterwegs stießen die Steine
in seinem Bauch aneinander. Da rief er erschrocken:

Was rumpelt und pumpelt
in meinem Bauch herum?
Ich meinte, es wären sechs Geißlein,
doch klingt es wie lauter Wackersteine!

Als er an den Brunnen kam und sich gierig über den Rand beugte, um zu trinken, da zogen ihn die schweren Steine kopfüber hinein, und er musste jämmerlich ertrinken.

Als die sieben Geißlein das sahen, kamen sie eilig herbeigelaufen.

Sie fassten sich an den Händen und tanzten mit ihrer Mutter vor Freude um den Brunnen herum und sangen laut:

»*Der Wolf ist tot! Der Wolf ist tot!*
Da sind wir alle froh!«

Des Kaisers neue Kleider

Vor vielen Jahren lebte einmal ein Kaiser, der so großen Wert auf sein Äußeres legte, dass er sein ganzes Geld für Kleider ausgab. Wenn er seine Soldaten besuchte, wenn er ins Theater oder auf die Jagd ging, dann tat er es nur, um seine neuen Kleider vorzuführen. Er hatte für jede Stunde des Tages ein besonderes Kleidungsstück. Wenn man von einem normalen König sagte: »Er ist in einer Besprechung bei seinen Ministern«, so sagte man bei ihm immer: »Der Kaiser ist in der Garderobe bei seinen Kleidern!«

Eines Tages kamen zwei Betrüger an den Kaiserhof und behaupteten, dass sie die besten Weber der Welt seien.

»Farben und Muster unserer Webkunst sind nicht nur ungewöhnlich schön, sondern die Kleider, die von unserem Tuch genäht werden, haben auch eine wunderbare Eigenschaft!«, behaupteten sie. »Sie sind für jeden Menschen unsichtbar, der nicht für sein Amt taugt oder der unverzeihlich dumm ist!«

»Vortrefflich!«, sagte der Kaiser und rieb sich die Hände. »Das Tuch soll sogleich für mich gewebt werden! Dann weiß ich gleich, wer von meinen Hofbeamten etwas taugt und wer nicht.«

Er gab den beiden Fremden hundert Goldtaler im Voraus, ließ sie mit ihrem Werkzeug in einen großen Saal des Schlosses bringen und rief: »Worauf wartet ihr noch? Fangt an!«

Die beiden Betrüger stellten zwei Webstühle auf, taten, als ob sie arbeiteten. Sie verlangten feinste Seide und wertvolle Goldfäden. Das

Material steckten sie in ihre Handwerkskoffer. Dann arbeiteten sie an den leeren Webstühlen bis spät in die Nacht.

Den Kaiser plagte die Neugier. Ob das wunderbare Tuch schon fertig gewebt war? Er wollte nicht selbst nachsehen, deshalb schickte er seinen Finanzminister: »Er kann am besten beurteilen, wie der Stoff aussieht, denn er hat Verstand und keiner versieht sein Amt besser als er!«

Der alte Minister ging in den Saal, in dem die Betrüger an den leeren Webstühlen arbeiteten.

»Ach du lieber Gott!«, murmelte der Minister erschrocken, als er auf dem Webstuhl keinen Stoff entdecken konnte. Aber er hütete sich, das zuzugeben, denn das würde ja bedeuten, dass er dumm und für sein Amt ungeeignet war.

»Ist es nicht ein hübsches Muster? Sind die Farben nicht herrlich?«, fragte der eine der beiden Gauner und deutete auf den leeren Webstuhl.

Der Minister nickte wortlos.

»Nun, Sie sagen nichts dazu«, drängte der andere, der fleißig an dem unsichtbaren Gewebe webte.

»Oh, es ist ganz wunderschön!«, antwortete der Minister hastig und starrte durch seine Brille. »Dieses Muster und diese Farben! – Ja, ich werde dem Kaiser sagen, dass es mir außerordentlich gut gefällt!«

»Das freut uns!«, sagten die beiden Weber. Sie gaben den Farben sprechende Namen wie Smaragdgrün, Rubinrot oder Azurblau. Sie erklärten das schwierige Muster. Der alte Minister merkte sich alles gut, damit er dasselbe sagen konnte, wenn er zum Kaiser zurückkam.

Nun verlangten die Betrüger mehr Geld, mehr Seide und Goldfäden zum Weben. Auf den Webstuhl allerdings kam kein Faden. Aber sie taten, als arbeiteten sie fleißig an der prächtigen Stoffbahn.

Einige Zeit später sandte der Kaiser den Minister für Kunst in den Saal mit dem Webstuhl. Dem erging es wie dem Finanzminister: Er guckte und guckte, aber er konnte beim besten Willen nichts sehen.

»Ist das letzte Stück nicht besonders gut gelungen?«, fragte einer der beiden Betrüger und erklärte das fantasievolle Muster.

Der Hofbeamte hütete sich zu sagen, dass er nichts sah, und lobte den Stoff über den grünen Klee. Dann ging er zum Kaiser und berichtete vor dem versammelten Hofstaat, dass der Stoff das Schönste und Kunstvollste sei, was er je gesehen habe.

In der ganzen Stadt sprach man jetzt von nichts anderem als dem wunderbaren Stoff. Nun hielt es der Kaiser nicht länger aus. Er wollte das geheimnisvolle Gewebe selbst sehen. Mit einer Schar auserwählter Männer, unter denen auch die beiden Minister waren, ging er zu den kunstfertigen Webern.

»Ja, ist das nicht prächtig?«, fragte der Finanzminister.

»Welches Muster, welche Farben!«, rief der Minister für Kunst begeistert und zeigte auf den leeren Webstuhl.

Der Kaiser erschrak, denn er sah nichts.

Das ist ja schrecklich! Bin ich dumm? Tauge ich nicht dazu, Kaiser zu sein? Das wäre das Schlimmste, was mir passieren kann, schoss es ihm durch den Kopf.

»Oh, der Stoff ist sehr hübsch«, versicherte er rasch. »Er hat meinen allerhöchsten Beifall!« Er nickte zufrieden und strich mit der Hand über den leeren Webstuhl.

Das ganze Gefolge sah ebenfalls nichts, aber alle sagten wie der Kaiser: »Oh, das ist hübsch! Sehr hübsch!«, und der Hofmarschall riet ihm, die neuen prächtigen Kleider unbedingt beim großen Hoffest in der folgenden Woche zu tragen.

Die ganze Nacht vor dem Fest waren die Betrüger wach. Sie hatten sechzehn Leuchter angezündet, damit man sie durch das Fenster auch recht gut bei ihrer Arbeit beobachten konnte.

Die Leute sahen, dass sie alles taten, damit des Kaisers neue Kleider rechtzeitig für den großen Festzug fertig waren.

Die Betrüger nahmen den unsichtbaren Stoff vom Webstuhl, schnitten mit großen Scheren in die Luft, sie nähten mit Nähnadeln ohne Faden und sagten zuletzt: »Seht, nun sind die Kleider fertig!«

Als der Kaiser mit seinen Dienern kam, um die neuen Kleider anzulegen, hoben die scheinheiligen Weber die Arme in die Höhe, als ob sie etwas hielten, und sagten: »Seht, hier sind die Beinkleider, hier ist das Kleid, hier ist der Mantel!«, und so weiter. »Alles ist so leicht wie Spinnweben. Man glaubt fast, man habe nichts auf dem Körper, aber das ist gerade das Schöne dabei!«

»Jaja!«, murmelten alle Beamten gehorsam.

»Belieben Eure Kaiserliche Majestät, Ihre Kleider abzulegen«, sagten die Betrüger, »so wollen wir Ihnen die neuen hier vor dem großen Spiegel anziehen!«

Der Kaiser zog sich aus, und die Betrüger taten, als ob sie ihm Stück für Stück die neuen Kleider anlegten.

»Ei, wie gut sie Euch kleiden, wie herrlich sie sitzen!«, riefen alle. »Welches Muster, welche Farben! Das ist ein kostbarer Anzug!«

Der Kaiser wendete und drehte sich zufrieden vor dem Spiegel.

»Draußen wartet das Volk, um euch im Festzug zu bewundern!«, verkündete der Hofzeremonienmeister.

»Gehen wir!«, sagte der Kaiser.

Die Kammerherren, die das Recht hatten, die Schleppe zu tragen, griffen mit den Händen gegen den Fußboden, als ob sie die Schleppe aufhöben. Sie gingen und taten, als hielten sie den unsichtbaren Stoff in der Luft.

Vier Männer ergriffen den Thronhimmel, der aus gewöhnlichem Stoff gewebt und daher sichtbar war. Unter ihm schritt der Kaiser dem Festzug voran.

Alle Leute auf der Straße und in den Fenstern riefen:»Es lebe der Kaiser! Wie schön sind des Kaisers neue Kleider!«

Keiner wollte sich anmerken lassen, dass er nichts sah, denn man wollte ja nicht als dumm oder untauglich dastehen. Keine der vielen prunkvollen kaiserlichen Kleider hatten jemals solches Aufsehen erregt wie diese unsichtbaren.

»Aber er ist ja nackt!«, rief endlich ein kleines Kind.
»Das Kind hat Recht!«, sagte der Vater zur Mutter.
Und jetzt flüsterte es jeder seinem Nachbarn zu:
»Seht doch: Der Kaiser ist splitternackt!«
»Der Kaiser ist nackt!«, rief zuletzt das ganze Volk.
Da erkannte der Kaiser, dass das Volk Recht hatte.

Aber er bewahrte Haltung und Würde und spielte seine Rolle zu Ende bis zuletzt. Und die Kammerherren gingen und trugen die Schleppe, die gar nicht da war, bis der Festzug endlich im kaiserlichen Palast verschwunden war.

Dornröschen

Vor Zeiten lebten ein König und eine Königin, die klagten jeden Tag: »Ach, wenn wir doch ein Kind hätten!«, aber sie bekamen lange Jahre keines.

Einmal, als die Königin zum See ging, um zu baden, kam ein Frosch aus dem Wasser ans Land gesprungen und sagte zu ihr: »Dein Wunsch wird erfüllt werden. Ehe das Jahr vergeht, wirst du eine Tochter bekommen.«

Und tatsächlich: Die Königin bekam ein Mädchen, das war so schön, dass sich der König vor Freude nicht zu lassen wusste. Er richtete ein großes Fest aus und lud nicht bloß seine Verwandten, Freunde und Bekannten dazu ein, sondern auch die Feen im Lande. Sie sollten dem Kind Glück bringen. Es lebten dreizehn Feen in seinem Reich. Sie sollten am Ehrentisch sitzen, der mit goldenen Tellern gedeckt wurde. Leider gab es nur zwölf goldene Teller. Da beschloss man, nur zwölf einzuladen, damit es keinen Streit gab.

Das Fest wurde mit aller Pracht gefeiert, und als es zu Ende war, beschenkten die weisen Frauen das Kind mit ihren Wundergaben.

Die Erste wünschte dem Kind Tugend, die Zweite Schönheit, die Dritte Reichtum, und so wurde es mit allem bedacht, was auf der Welt zu wünschen ist.

Als elf Feen ihre Sprüche gesagt hatten, stürmte plötzlich die dreizehnte in den Saal herein. Sie war wütend, dass sie nicht eingeladen worden war. Ohne jemanden zu grüßen oder nur anzusehen, rief sie mit lauter Stimme: »Die Königstochter soll sich in ihrem fünfzehnten Jahr an einer Spindel stechen und tot umfallen!« Dann drehte sie sich um und verließ den Saal.

Alle waren stumm vor Schreck.

Jetzt trat die zwölfte Fee hervor, die ihren Wunsch noch übrig hatte und sagte: »Ich kann den bösen Zauber nicht aufheben, sondern nur abschwächen. Das Kind soll nicht tot umfallen, sondern nur in einen hundertjährigen tiefen Schlaf fallen.«

Der König, der sein geliebtes Kind vor dem Unglück bewahren wollte, befahl sofort, dass alle Spinnräder und Spindeln im ganzen Königreich verbrannt werden sollten.

Alle Wünsche der Feen erfüllten sich im Lauf der Jahre, denn das Mädchen war so schön, freundlich und verständig, dass es alle gern hatten. Und was den Fluch der bösen Fee betraf, so sorgten der König und die Königin dafür, dass die Prinzessin immer von Dienern und Leibwachen umgeben war, die sie beschützten.

Als auch das fünfzehnte Jahr verstrichen war, ohne dass dem Königskind etwas Böses widerfahren wäre, waren alle froh.

Am Morgen des fünfzehnten Geburtstages waren alle im Schloss mit den Festvorbereitungen beschäftigt. So benützte die Prinzessin einen geeigneten Augenblick, um ihren Wächtern zu entwischen und ganz allein im Schloss auf Entdeckungsreise zu gehen.

Sie sah sich in Stuben und Kammern um und lief durch Treppenhäuser und Flure. So kam sie auch in einen alten Turm und stieg neugierig die enge Wendeltreppe hinauf. Oben war eine kleine Tür. In dem Schloss steckte ein verrosteter Schlüssel. Als sie den umdrehte, sprang die Tür auf.

Im Turmstübchen saß eine alte Frau und spann Flachs.

»Guten Tag, liebes Mütterlein«, sagte die Königstochter, die noch nie ein Spinnrad gesehen hatte. »Was machst du da?«

»Ich spinne«, sagte die Alte und wackelte mit dem Kopf.

»Was ist das für ein Ding, das so lustig herumspringt?«, fragte die Prinzessin und berührte neugierig die Spindel mit dem Finger.

Dabei stach sie sich, so wie es die böse Fee vorhergesagt hatte!

Ehe die Prinzessin begriff, was geschehen war, fiel sie um und schlief ein. Und dieser Schlaf verbreitete sich über das ganze Schloss: Der König, die Königin, der ganze Hofstaat – alle schliefen ein, wo sie saßen und standen.

Bald schliefen auch die Pferde im Stalle, die Hunde im Hof, die Tauben auf dem Dach, die Fliegen an der Wand, ja sogar das Feuer im Herd schlief ein. Der Braten hörte auf zu brutzeln, und der Koch, der den Küchenjungen an den Haaren ziehen wollte, ließ ihn los und schlief ein. Und der Wind legte sich und auf den Bäumen vor dem Schloss regte sich kein Blättchen mehr.

Rings um das Schloss aber wuchs eine Dornenhecke. Höher und höher rankte sie, bis sie endlich das ganze Schloss umgab. Bald war vom Schloss gar nichts mehr zu sehen. Nicht einmal die Fahne auf dem Dach.

Man erzählte sich aber viele Jahre später im ganzen Land immer noch die Sage von dem schönen schlafenden Dornröschen (so wurde die Königstochter inzwischen genannt). Immer wieder kamen Königssöhne und versuchten vergeblich, die Hecke zu durchdringen. Die Dornen waren wie Krallen. Sie hielten die Hecke fest zusammen. Viele der jungen Prinzen blieben darin hängen und starben jämmerlich.

Nach langen, langen Jahren kam wieder einmal ein Königssohn ins Land. Er hörte, wie ein alter Mann von der Dornenhecke erzählte und von dem Schloss, das dahinter war, mit der wunderschönen Königstochter, die schon seit hundert Jahren schlief.

Er berichtete, dass schon viele Prinzen vergeblich versucht hatten, die Hecke zu durchdringen, und dass es alle mit dem Leben bezahlt hätten.

Aber der junge Prinz ließ sich nicht entmutigen und sagte:

»Ich fürchte mich nicht, ich will zum Schloss und das schöne Dornröschen sehen!«

Nun waren aber gerade die hundert Jahre verflossen, und der Tag war gekommen, an dem Dornröschen wieder erwachen sollte.

Als sich der Königssohn der Dornenhecke näherte, öffnete sie sich fast von selbst und ließ ihn unbeschädigt hindurch. Hinter ihm schloss sich die Hecke wieder. Im Schlosshof sah der Prinz die Pferde und Jagdhunde liegen und schlafen, auf dem Dach saßen die Tauben und hatten das Köpfchen unter den Flügel gesteckt. Und als er ins Haus kam, schliefen die Fliegen an der Wand, der Koch in der Küche hielt noch die Hand, als wollte er den Jungen anpacken, und die Magd saß vor dem schwarzen Huhn, das gerupft werden sollte. Da ging er weiter und sah im Saal den ganzen Hofstaat liegen und schlafen und oben bei dem Thron schliefen der König und die Königin. Dornröschen war nirgends zu entdecken. So suchte er weiter und gelangte schließlich in die Turmkammer, in der Dornröschen lag. Wie schön sie war!

Er beugte sich über sie und gab ihr einen Kuss. Kaum hatte er ihre Lippen berührt, da schlug Dornröschen die Augen auf und lachte ihn freundlich an.

Als sie gemeinsam ins Schloss hinunterstiegen, erwachten alle. Die Pferde im Hofe standen auf und rüttelten sich, die Jagdhunde sprangen hoch, die Tauben auf dem Dache zogen das Köpfchen unterm Flügel hervor, sahen umher und flogen ins Feld, die Fliegen an den Wänden krochen weiter, das Feuer in der Küche erhob sich, flackerte und kochte das Essen, der Braten fing wieder an zu brutzeln, der Koch zog den Küchenjungen an den Haaren und die Magd rupfte das Huhn fertig.

Der König und die Königin schlossen ihr geliebtes Kind in die Arme und waren froh und glücklich, dass der böse Fluch vorbei war.

Bald wurde die Hochzeit des Königssohnes mit Dornröschen in aller Pracht gefeiert und die beiden lebten vergnügt bis an ihr Ende.

Zwerg Nase

In einer Stadt im Frankenland lebte einmal ein Schuster mit seiner Familie. Die Frau des Schusters verkaufte Gemüse und Früchte auf dem Markt, die sie in ihrem kleinen Garten vor dem Stadttor anpflanzte. Ihr Sohn Jakob half ihr dabei. Er war ein hübscher, aufgeweckter Junge von zwölf Jahren.

Einmal, als sie wieder auf dem Markt saßen, kam ein hässliches, altes Weib, wühlte mit hageren Händen im Kräuterkorb herum und brummte: »*Kräutlein schaun! Kräutlein schaun!*« Es schnüffelte an allem herum und schimpfte: »*Schlechtes Zeug! Schlechtes Zeug!*«

Jakob ärgerte sich und sagte: »Hör zu, es ist nicht recht, wenn du alles anfasst und dann noch deine lange Nase hineinsteckst, dass es niemand mehr kaufen mag!«

»Gefällt dir meine Nase nicht? Nun, dann kannst du auch so eine haben!«, murmelte die Alte. Sie wühlte im Gemüse, packte sechs Kohlköpfe in ihren Korb und sagte zu der Schustersfrau: »Sag deinem Sohn, er soll mir die Waren nach Hause tragen! Ich bin zu schwach dazu!«

Jakobs Mutter konnte der Kundin die Bitte schlecht abschlagen. So lief Jakob, ein wenig widerwillig, mit der Frau bis zu einem ärmlichen, baufälligen Haus am Ende der Stadt. Als die Alte die Tür aufsperrte, sperrte Jakob Mund und Augen auf, denn drinnen im Haus war alles so prächtig wie in einem Schloss.

Jakob trug den Korb hinein. Da schlug die Tür hinter ihm zu.

»Hast schwer getragen! Setz dich aufs Sofa!«, sagte die Alte. »Du sollst ein Süppchen kriegen, an das du dein Leben lang denken wirst!«

Die Alte zog ein Pfeifchen aus der Tasche und blies hinein.

Da kamen Meerschweinchen und Eichhörnchen die Treppe herab. Sie gingen auf den Hinterbeinen, hatten Pantoffeln aus Nussschalen an und waren wie Küchenjungen angezogen. In ihren Gürteln steckten Rührlöffel und Küchenmesser. Mit erstaunlicher Geschicklichkeit kletterten sie an den Wänden hoch, um Pfannen und Schüsseln, Eier und Butter, Kräuter und Mehl von den Küchenregalen herunterzuholen.

Die Alte setzte die Suppe auf. Das Feuer knisterte. Dampf stieg aus dem Topf, in dem es sprudelte und zischte. Ein angenehmer Duft verbreitete sich. Die Alte hob den Deckel hoch, steckte ihre Nase hinein und krächzte: »Das Süppchen wird dir schmecken! Gleich wird dir alles hier besser gefallen. Sollst auch ein geschickter Koch werden. Doch das rechte Kräutlein wirst du nirgends finden.«

Jakob begriff nicht, wovon die Alte sprach, aber die Kräutersuppe schmeckte wirklich köstlich. Als er sie ausgelöffelt hatte, überfiel ihn eine seltsame Müdigkeit. Von diesem Augenblick an wurde aus Jakob ein Eichhörnchen und er gehörte zu den Dienern der Zauberin. Er musste Schuhe putzen, Böden fegen, Wasser holen und alle möglichen anderen Dienste verrichten.

Mit der Zeit diente er sich vom Küchenjungen hoch bis zum ersten Pastetenmacher. Dabei zeigte er sich so geschickt, dass er komplizierte Pasteten von zweihundert Zutaten zustande brachte.

Als sieben Jahre vergangen waren, befahl ihm die Hexe eines Morgens, ein Huhn zu braten und es schön mit Kräutern zu füllen, bis sie von ihren Einkäufen zurück sei. Jakob ging in die Kräuterkammer und entdeckte ein Wandschränkchen, das er noch nie zuvor bemerkt hatte. Dort fand er ein Kraut, von dem ein starker Geruch ausging. Es hatte blaugrüne Blätter und rotgelbe Blüten. Es roch so ähnlich wie die Suppe, die ihm die Alte am ersten Tag gekocht hatte. Als er daran schnupperte, musste er niesen.

Der Duft benebelte ihn und er schlief ein. Als er aufwachte, saß er wieder auf dem Sofa. Komisch, dachte er, ich hätte schwören mögen, dass ich ein Eichhörnchen gewesen bin und ein großer Koch. Was man so alles träumt! Seltsamerweise konnte er seinen Hals nicht richtig bewegen und stieß überall mit seiner Nase an.

Jetzt wollte er so schnell wie möglich nach Hause und das Haus der unheimlichen Hexe verlassen.

Als er aber auf den Markt kam, deuteten die Leute mit dem Finger auf ihn und riefen: »Wo kommt denn bloß der hässliche Zwerg her?«

Nicht einmal seine Mutter erkannte ihn, und auch der Vater verjagte ihn, als er zu der Schusterbude kam und behauptete, sein Sohn zu sein. Kein Mensch erkannte in dem kleinen verwachsenen Zwerg mit der langen Nase den hübschen Jungen, der vor einigen Jahren auf rätselhafte Weise verschwunden war!

Langsam begriff Jakob, dass die alte Hexe ihm nicht nur sieben Jahre seines Lebens gestohlen, sondern mit ihrer Zauberei auch seine Gestalt verändert hatte. Was sollte er jetzt bloß tun? Alles, was er gelernt hatte, war, ein guter Koch zu sein. So beschloss er, diese Gabe zu nützen. Er ging zum Palast des Herzogs, der ein bekannter Feinschmecker war, und bewarb sich um eine Stelle als Koch.

Der Oberküchenmeister musterte ihn von oben bis unten und lachte: »Du Zwerg kannst ja nicht mal in den Topf gucken!«

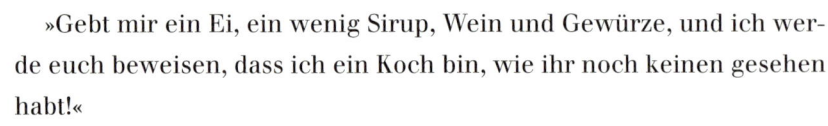

»Gebt mir ein Ei, ein wenig Sirup, Wein und Gewürze, und ich werde euch beweisen, dass ich ein Koch bin, wie ihr noch keinen gesehen habt!«

»Nun, den Spaß will ich mir gönnen«, sagte der Küchenmeister. Er brachte Jakob in die riesige Küche. Dort brannte das Feuer auf zwanzig Herden, ein kleiner Bach, in dem Fische schwammen, floss mitten hindurch. Die Vorräte waren in Schränken aus Holz und Marmor gelagert.

»Der Herzog wünscht dänische Suppe und rote Hamburger Klößchen zum Frühstück«, meldete der Erste Frühstückmacher.

»Nun ja. Die Hamburger Klößchen bringt der Zwerg auf keinen Fall zustande. Das ist ein Geheimrezept«, überlegte der Oberküchenmeister.

»Nichts leichter als das«, rief Jakob. »Zu den Klößchen brauche ich viererlei Fleisch, etwas Wein, Entenschmalz, Ingwer und ein gewisses Kraut, das man Magentrost nennt.«

»Donnerwetter! Wo hast du das gelernt? Das mit dem Kräutlein Magentrost haben nicht einmal wir gewusst«, staunte der Oberküchenmeister.

Neugierig beobachteten nun alle Köche, wie Jakob den Stuhl an den Herd rückte, hinaufkletterte und mit flinken Händen alles zubereitete.

Als der Oberküchenmeister schließlich mit seinem goldenen Löffel die Suppe kostete, sagte er voller Bewunderung:

»So etwas Köstliches habe ich noch nie gegessen!«

Auch der Herzog war von Jakobs Kochkunst begeistert und ernannte ihn zum Unterküchenmeister. Und weil jeder im Palast einen Namen hatte, wurde er »Zwerg Nase« genannt.

Der Zwerg Nase kochte so köstlich, dass der Herzog jetzt fünfmal statt dreimal am Tag speiste. Für einen halben Dukaten täglich durften die Köche anderer reicher Leute der Stadt Jakob beim Kochen zusehen.

Drei Jahre lebte Jakob am Hof des Herzogs. Da ging er eines Morgens auf den Markt. Er kaufte eine Gans und steckte sie in einen Käfig. Unterwegs begann die Gans, mit ihm zu reden:

>»Erstichst du mich,
>so beiß ich dich.
>Drückst du mir die Kehle ab,
>bring ich dich ins frühe Grab!«

Erschrocken setzte Jakob den Käfig ab.

Die Gans sah ihn mit traurigen Augen an und sagte: »Ich bin Mimi, die Tochter des Zauberers von Gotland. Eine böse Fee hat mich verzaubert.«

»Da geht es dir wie mir«, sagte Jakob und erzählte von seinem traurigen Schicksal. Als er wieder im Schloss war, baute er einen Stall für Mimi, stellte ihn in seine Kammer und fütterte und pflegte sie.

Eines Tages erwartete der Herzog einen fremden Fürsten, der ein ebenso großer Feinschmecker war wie er. Er prahlte beim Essen mit seinem Koch und ließ den Zwerg Nase rufen.

»Dein Essen hat vorzüglich geschmeckt«, sagte der Gast. »Aber kannst du auch die Pastete Suzeraine zubereiten, die Königin der Pasteten?«

»Natürlich kann er das«, sagte der Herzog stolz und befahl, dass die Pastete am nächsten Tag auf seine Tafel käme.

Jakob war verzweifelt. Er weinte in seiner Kammer, weil er das Rezept nicht kannte. Die Gans Mimi tröstete ihn und sagte:

»Die Pastete haben wir zu Hause oft gegessen. Ich glaub, ich weiß ungefähr, wie sie gemacht wird!«

Jakob war außer sich vor Freude! Warm aus dem Ofen und herrlich geschmückt, servierte er die Pastete am nächsten Tag.

Der Herzog war zunächst entzückt. Aber dann sagte sein Gast:

»Es schmeckt ganz ordentlich. Aber es fehlt der Pfiff: ein Kräutlein! Es heißt *Niesmitlust*. Man kennt es wohl hierzulande nicht. Ohne das Kraut ist die Pastete nur das halbe Vergnügen!«

Da nahm der Herzog Jakob beiseite und sagte ärgerlich:

»Du jämmerlicher Küchenzwerg hast mich blamiert! Wenn du das Kraut bis morgen nicht besorgst, werd ich deinen Kopf auf dem Palasttor aufspießen lassen!«

Jakob ging in seine Kammer und klagte Mimi sein Leid.

»Du hast Glück, dass gerade Neumond ist. Da blüht das Kraut. Es wächst unter Kastanien«, schnatterte Mimi. »Und Kastanien gibt es im Palastgarten genug!«

Die beiden liefen in den Garten, aber sie fanden das Kraut nicht!

Als es dunkel wurde sagte Jakob: »Drüben am anderen Ufer des Sees steht noch ein alter Kastanienbaum. Vielleicht haben wir dort Glück!«

Mimi flog voraus und Zwerg Nase trippelte, so schnell er konnte, hinterher.

»Hier ist es, hier!«, rief Mimi als sie tatsächlich das Kraut entdeckte. Sie schlug aufgeregt mit den Flügeln, pflückte einen Stängel von dem Kraut und flog Jakob entgegen.

Der Geruch des Krauts erinnerte Jakob plötzlich an die Kräutersuppe, die ihm die böse Hexe gekocht hatte, ehe sie ihn verzauberte. Er sog den Duft ein und merkte, wie seine Nase immer kleiner wurde. Sein Rücken streckte sich und seine Beine wurden wieder länger. Mimi sah mit Staunen, wie aus dem Zwerg ein hübscher junger Mann wurde.

»Ohne dich hätte ich das Kraut nie gefunden und wäre mein Leben lang ein Zwerg geblieben!«, sagte Jakob. »Wie kann ich dir nur dafür danken?«

»Bring mich zu meinem Vater nach Gotland«, sagte Mimi.

Jakob packte das Wenige, was er besaß, zusammen und schlich sich mit der Gans Mimi unerkannt aus dem Palast.

Der große Zauberer von Gotland entzauberte seine Tochter und überhäufte Jakob mit Geschenken. Reich und glücklich kehrte er in seine Vaterstadt zurück. Seine Eltern erkannten den Sohn, den sie für immer verloren geglaubt hatten, jetzt sofort und konnten ihr Glück kaum fassen.

Hänsel und Gretel

Es war einmal ein armer Holzfäller, der wohnte mit seiner Frau und seinen beiden Kindern am Rande eines großen Waldes. Es herrschte damals große Hungersnot im Land, und der Mann wusste nicht, wovon er seine Familie ernähren sollte.

»Was soll bloß aus uns werden?«, sagte er eines Nachts zu seiner Frau, als er vor Sorgen und Hunger nicht schlafen konnte.

»Das Beste ist, wir lassen Hänsel und Gretel nach der Arbeit morgen im Wald zurück«, sagte die Frau.

»Das können wir nicht tun«, antwortete der Mann. »Die wilden Tiere könnten kommen und sie zerreißen.«

»Oh, du Narr«, sagte die Frau bitter. »Dann müssen wir alle vier verhungern. Du kannst ja schon mal die Bretter für die Särge hobeln.«

Hänsel und Gretel konnten vor Hunger ebenfalls nicht einschlafen. Deshalb hörten sie, was die Eltern sagten.

Gretel weinte. Hänsel tröstete sie und sagte: »Mach dir keine Sorgen, Schwesterchen. Es wird mir schon etwas einfallen!«

Als die Eltern eingeschlafen waren, schlich sich Hänsel aus dem Haus. Der Mond schien hell und die weißen Kieselsteine auf dem Weg leuchteten. Er bückte sich und sammelte so viele davon auf, wie in seine Hosentaschen passten. Dann legte er sich wieder ins Bett.

Bei Tagesanbruch machten sich die Holzfällersleute mit den Kindern auf den Weg in den Wald. Als sie ein Stück gegangen waren, blieb Hänsel stehen und sah nach dem Haus zurück.

»Hänsel, wo bleibst du?«, rief der Vater.

»Ich seh nach meinem weißen Kätzchen. Das sitzt oben auf dem Dach und will Auf Wiedersehn sagen«, antwortete Hänsel.

Hänsel aber hatte nicht nach dem Kätzchen gesehen, sondern immer einen von den blanken Kieselsteinen aus seiner Tasche auf den Weg geworfen.

Auf einer Waldlichtung machte der Vater ein Feuer und sagte: »Setzt euch ans Feuer Kinder und ruht euch aus. Wenn wir mit der Arbeit fertig sind, kommen wir wieder und holen euch ab.«

Hänsel und Gretel setzten sich neben das Feuer und aßen das Stückchen Brot, das ihnen die Mutter gegeben hatte. Und weil sie die Schläge der Holzaxt hörten, so glaubten sie, ihr Vater wäre in der Nähe. Es war aber nicht die Holzaxt, es war ein Ast, den er an einen dürren Baum gebunden hatte und den der Wind hin und her schlug.

Die Kinder warteten, bis ihnen vor Müdigkeit die Augen zufielen. Als sie wieder aufwachten, war es stockfinster.

Gretel fing an zu weinen und sagte: »Wie sollen wir jemals wieder aus dem Wald herauskommen?«

»Wart nur ein Weilchen, bis der Mond aufgegangen ist, dann werden wir den Weg schon finden«, sagte Hänsel zuversichtlich.

Und tatsächlich, als der Mond schien, leuchteten die Kieselsteine, die Hänsel gestreut hatte, so hell, dass sie ihnen den Weg wiesen.

Bei Tagesanbruch standen sie vor dem Holzfällerhaus. Der Vater freute sich, dass sie wieder da waren, denn es tat ihm längst Leid, dass er die Kinder allein zurückgelassen hatte.

Nicht lange danach war wieder Not in allen Ecken, und die Kinder hörten, wie die Mutter nachts zum Vater sagte: »Wir haben nur noch einen halben Laib Brot. Das reicht nicht zum Überleben für alle. Wir müssen die Kinder diesmal tiefer in den Wald hineinführen, damit sie den Weg nicht wieder herausfinden ...«

Als die Eltern schliefen, stand Hänsel auf. Er wollte hinaus und wieder Kieselsteine auflesen. Aber die Tür war verschlossen. Da musste er sich etwas anderes einfallen lassen.

Bei Tagesanbruch machte sich die Familie auf den Weg. Die Kinder bekamen jeder ein Stückchen Brot.

»Es ist das Letzte, was wir haben. Geht sparsam damit um«, sagte die Mutter.

Weil Hänsel keine Steine hatte, brach er unterwegs kleine Stücke vom Brot ab und streute sie auf den Weg.

»Hänsel, warum bleibst du stehen und guckst dich um?«, rief der Vater.

»Ich seh nach meinem Täubchen, das sitzt auf dem Dach und will mir Auf Wiedersehn sagen«, antwortete Hänsel.

Die Holzfällersleute führten die Kinder diesmal noch tiefer in den Wald. Wieder machte der Vater ein Feuer, damit sie nicht froren, und die Mutter sagte: »Bleibt nur da sitzen und ruht euch aus. Abends, wenn wir mit der Arbeit fertig sind, holen wir euch ab.«

Als es Mittag war, teilte Gretel ihren Brotkanten mit Hänsel, der ja sein Brot auf den Weg gestreut hatte. Dann schliefen sie neben dem Feuer ein. Sie erwachten erst, als es dunkel war.

»Wart nur, Gretel, bis der Mond aufgeht! Dann sehen wir die Brotstücke, die ich ausgestreut habe. Die zeigen uns den Weg nach Haus«, sagte Hänsel zuversichtlich.

Als der Mond hinter den Wolken hervorkam, machten sie sich auf den Heimweg. Aber sie fanden keine Brotstücke mehr. Die Vögel hatten alles weggepickt! Hänsel tröstete Gretel und sagte: »Lass den Kopf nicht hängen. Wir werden den Weg auch so finden.«

Eine Nacht und einen Tag irrten sie umher. Aber sie kamen aus dem Wald nicht heraus. Sie waren hungrig und ernährten sich von Beeren und Pilzen, wenn sie welche fanden. Ganz verzweifelt waren sie und wussten nicht mehr ein und aus. Da entdeckte Hänsel einen schneeweißen Vogel, der auf einem Ast saß und wunderschön sang. Als er wegflog, liefen die Kinder hinterher. Der Vogel lockte sie zu einer Hütte im Wald. Als sie näher kamen, sahen sie, dass das Haus aus Lebkuchen gebaut war. Und die Fenster waren aus klarem Zucker.

Hänsel brach ein Stückchen vom Dach ab, um zu versuchen, wie es schmeckte. Hm. Das war lecker! Er ließ auch Gretel probieren.

Plötzlich rief eine Stimme aus der Stube heraus:

Knusper, knusper, knäuschen,
wer knuspert an meinem Häuschen?

Die Kinder antworteten:

Der Wind, der Wind, das himmlische Kind!

Hänsel und Gretel aßen weiter, ohne sich irre machen zu lassen, denn sie hatten schrecklichen Hunger.

Da ging die Tür auf und eine steinalte Frau mit Krückstock kam heraus. Hänsel und Gretel erschraken so gewaltig, dass sie alles fallen ließen, was sie in den Händen hielten.

Die Alte sagte mit freundlicher Stimme: »Ei, ihr lieben Kinderchen, wer hat euch hierher gebracht? Kommt nur herein und bleibt bei mir, es geschieht euch kein Leid.«

Sie fasste beide an der Hand und zog sie in ihr Häuschen. Sie gab ihnen Milch und Pfannkuchen mit Zucker, Äpfeln und Nüssen. Danach schüttelte sie zwei schöne weiche

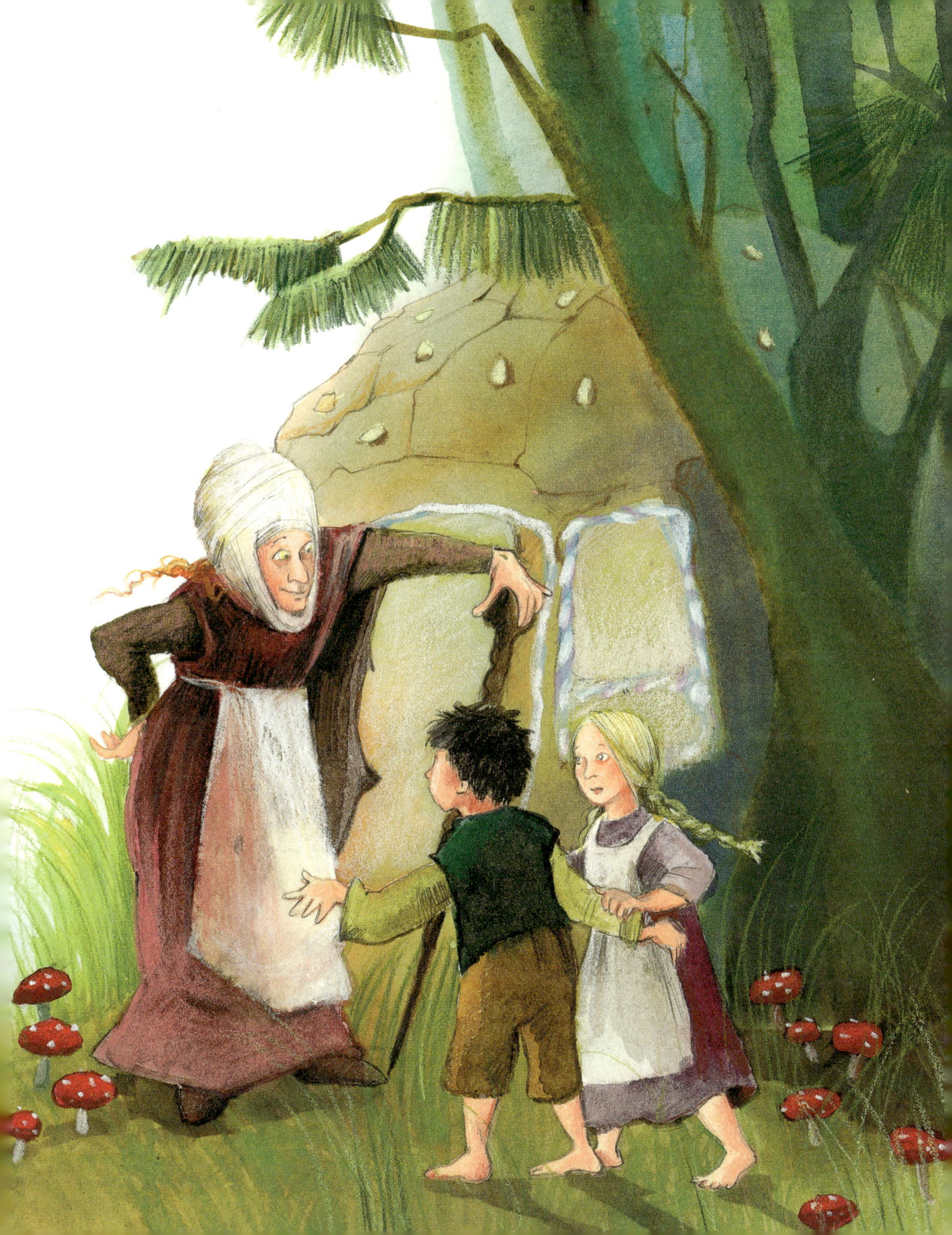

Betten auf. Hänsel und Gretel legten sich hinein und meinten, sie wären im Himmel.

Am nächsten Tag gab es ein schlimmes Erwachen. Die Alte war in Wahrheit eine Hexe, die das Lebkuchenhaus dazu benutzte, um Kinder anzulocken. Sie war streng und unfreundlich.

Die Hexe zerrte Hänsel aus dem Bett, noch ehe er ausgeschlafen hatte. Sie schob ihn in einen Hühnerstall, den sie mit einer Gittertür versperrte. Hänsel wehrte sich und schrie. Aber es half ihm nichts.

Dann ging die Hexe zu Gretel, rüttelte sie wach und rief: »Steh auf, Faulenzerin, hol Wasser! Und dann koch deinem Bruder etwas Gutes. Er sitzt draußen im Stall und soll fett werden. Wenn er fett ist, gibt er einen guten Braten.«

Gretel weinte bitterlich, aber sie musste tun, was die böse Hexe verlangte. Für den armen Hänsel wurde das beste Essen gekocht, aber Gretel bekam nichts als Abfälle.

Jeden Morgen schlurfte die Alte zu dem Ställchen und rief: »Hänsel, streck den Finger raus, damit ich fühle, ob du fett genug bist.«

Hänsel streckte nicht seinen Finger, sondern einen abgenagten Hühnerknochen durch das Gitter. Und die Alte, die trübe Augen hatte, konnte es nicht sehen und meinte, es wären Hänsels knochige Finger.

Als vier Wochen herum waren und Hänsel immer mager blieb, überkam sie die Ungeduld. Sie wollte jetzt nicht mehr länger warten!

»Heda, Gretel«, rief sie dem Mädchen zu, »trag Wasser in die Küche! Hänsel mag fett oder mager sein, morgen kommt er in den Suppentopf.«

»Lieber Gott, hilf uns doch«, rief Gretel, als sie das Wasser holte.

Dicke Tränen liefen über ihre Wangen. »Hätten uns nur die wilden Tiere im Wald gefressen, so wären wir wenigstens zusammen gestorben!«

»Spar dir dein Geplärre«, sagte die Alte, »es hilft dir alles nichts.«

Am nächsten Morgen musste Gretel den Kessel mit Wasser aufhängen und das Feuer anzünden.

»Erst wollen wir Brot backen«, sagte die Hexe. »Ich hab den Backofen schon eingeheizt.«

Sie stieß die arme Gretel hin zum Backofen, aus dem die Flammen schon herausschlugen. »Kriech hinein«, rief die Hexe. »Sieh nach, ob der Ofen heiß genug ist, damit wir das Brot hineinschieben können.«

Wenn Gretel darin war, wollte die Hexe den Ofen zumachen.

Aber Gretel ahnte, was die Alte vorhatte, und sagte zaghaft: »Ich weiß nicht, wie ich's machen soll. Wie komm ich in den Ofen hinein?«

»Dumme Gans!«, rief die Alte. »Die Öffnung ist groß genug, siehst du wohl, ich könnte selbst hinein.« Sie beugte sich vor und steckte zum Beweis ihren Kopf in den Ofen. Da gab ihr Gretel einen Stoß, machte die eiserne Tür zu und schob den Riegel vor.

Huhuuu! Da fing die Hexe fürchterlich an zu heulen. Aber Gretel hatte kein Mitleid mit ihr. Sie lief schnurstracks zu Hänsel, öffnete sein Ställchen und rief: »Hänsel, wir sind erlöst, die alte Hexe ist tot!«

Wie haben sich Hänsel und Gretel da gefreut. Sie sind sich um den Hals gefallen und haben gesungen und getanzt. Und weil sie sich nicht mehr zu fürchten brauchten, gingen sie in das Hexenhaus hinein. Sie fanden in Schränken und Truhen Kästen mit Perlen und Edelsteinen.

»Die sind noch besser als Kieselsteine«, lachte Hänsel und stopfte seine Taschen voll. Und Gretel füllte ihre Schürze.

»Aber jetzt wollen wir schnell fort«, drängte Hänsel, »damit wir endlich aus dem Hexenwald herauskommen.«

Als sie ein paar Stunden gegangen waren, gelangten sie an ein großes Wasser.

»Wir können nicht hinüber«, sagte Hänsel, »ich seh keinen Steg und keine Brücke.«

»Hier fährt zwar kein Schiff«, antwortete Gretel, »aber da schwimmt eine weiße Ente, wenn ich die bitte, so hilft sie uns vielleicht hinüber.« Und schon rief sie:

> *Entchen, Entchen,*
> *da stehen Gretel und Hänschen.*
> *Kein Steg und keine Brücken,*
> *nimm uns auf deinen Rücken.*

Gehorsam kam das Entchen angeschwommen und trug die Kinder nacheinander zum anderen Ufer.

Dort kam Hänsel und Gretel die Gegend bekannter und immer bekannter vor und endlich erblickten sie von weitem das kleine Haus ihrer Eltern. Da fingen sie an zu laufen!

Der Holzfäller und seine Frau saßen traurig in der engen Stube. Sie hatten keine frohe Stunde gehabt, seitdem sie die Kinder im Walde gelassen hatten. Und die Mutter sagte gerade: »Ach, wenn doch der Hänsel und die Gretel bloß wiederkämen!«

Da ging die Tür auf und Hänsel und Gretel stürzten herein.

Sie fielen Vater und Mutter um den Hals und alles Schlimme war vergessen. Gretel schüttelte ihre Schürze aus, dass die Perlen und Edelsteine in der Stube herumsprangen, und Hänsel warf eine Hand voll nach der andern aus seiner Tasche dazu. Endlich hatten alle Sorgen ein Ende und sie lebten lange Zeit glücklich zusammen.

König Drosselbart

Ein König hatte eine Tochter, die war zwar schön, aber so stolz und übermütig, dass es schwer war, für sie einen Mann zu finden. Da veranstaltete der König ein großes Fest und lud dazu Prinzen, Herzöge, Fürsten, Grafen und Edelleute im heiratsfähigen Alter ein. Als alle im großen Ballsaal waren, führte der König seine Tochter durch die Reihen der Gäste.

Aber an jedem hatte sie etwas auszusetzen.

Der eine war ihr zu dick: »Das Weinfass!«, lästerte sie.

Der andere zu lang: »Lang und schlank hat keinen Gang!«

Der Dritte zu kurz: »Kurz und dick hat kein Geschick!«

Der Vierte zu blass: »Der bleiche Tod!«

Der Fünfte zu rot: »Der Gockelhahn!«

Der Sechste stand nicht gerade genug und sie rief: »Grünes Holz, hinterm Ofen getrocknet!«

Über einen jungen König, der ein schmales Kinn hatte, machte sie sich besonders lustig: »Der hat ja ein Kinn, spitz wie ein Drosselschnabel!«

Das trug dem jungen Mann bei den Mitbewerbern den Spitznamen »König Drosselbart« ein.

Als der alte König sah, dass seine Tochter alle Heiratskandidaten verspottete, wurde er sehr zornig und schwor, sie sollte den erstbesten Bettler zum Mann nehmen, der vor seine Tür käme.

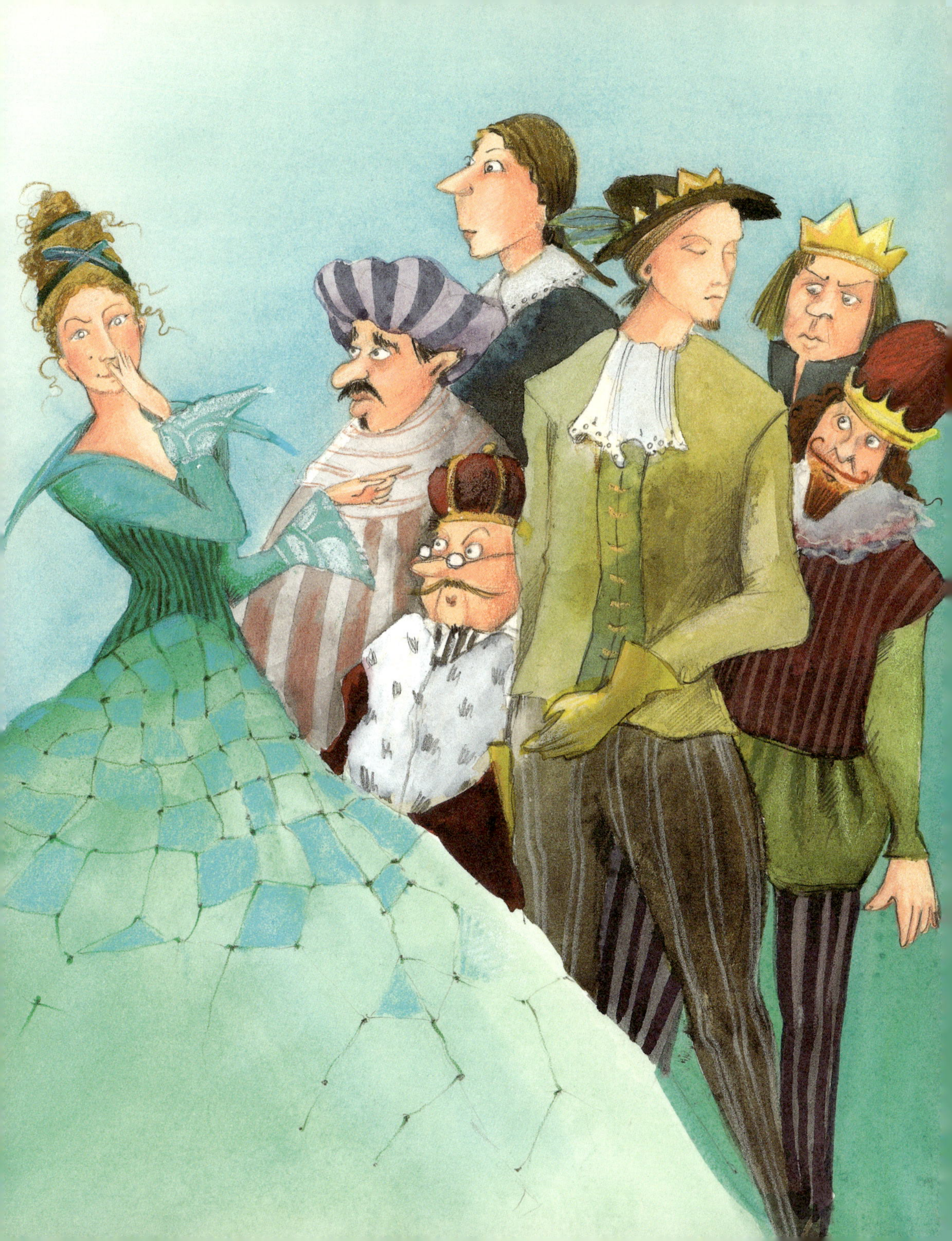

Ein paar Tage später kam ein Spielmann an den Königshof. Als der König ihn unter seinem Fenster singen hörte, ließ er ihn heraufholen.

Der Spielmann trat in schmutzigen, zerlumpten Kleidern in den Thronsaal und sang vor dem König und seiner Tochter. Als er fertig war, bat er um eine milde Gabe.

»Dein Gesang hat mir so gut gefallen, dass ich dir meine Tochter zur Frau geben will«, sagte der König.

»Papa, das ist nicht dein Ernst!«, rief die Königstochter entsetzt.

Aber der König sagte: »Ich habe geschworen, dich dem erstbesten Bettelmann zu geben. Den Schwur will ich auch halten.«

Es half keine Widerrede: Der Pfarrer wurde geholt und die Prinzessin wurde mit dem Spielmann getraut!

Danach sagte der König: »Es schickt sich nicht, dass du als Frau eines Bettlers noch länger im Schloss wohnst. Du musst mit deinem Mann wegziehen.«

Da nahm der Spielmann die Prinzessin an der Hand und ging mit ihr fort.

Sie liefen einen langen Weg zu Fuß. Als sie an einen großen Wald kamen, fragte die Prinzessin: »Wem gehört der schöne Wald?«

»Der gehört dem König Drosselbart«, antwortete der Spielmann.

»Ach, hätt ich den genommen, dann hätt ich den Wald bekommen«, seufzte die Prinzessin.

Darauf kamen sie über eine Wiese, da fragte sie wieder: »Wem gehört die schöne grüne Wiese?«

»Die gehört dem König Drosselbart«, antwortete der Spielmann.

»Ach, hätt ich den genommen, dann hätt ich die Wiese bekommen«, seufzte die Prinzessin.

Dann kamen sie durch eine große Stadt, da fragte sie wieder: »Wem gehört diese schöne große Stadt?«

»Die gehört dem König Drosselbart«, antwortete der Spielmann.

»Ach, hätt ich den genommen, dann hätt ich alles bekommen«, seufzte die Prinzessin.

»Es gefällt mir gar nicht, dass du dir immer einen andern zum Mann wünschst. Bin ich dir nicht gut genug?«, murrte der Spielmann ärgerlich.

Vor einer kleinen Hütte blieb er schließlich stehen und sagte: »Das ist mein und dein Haus. Da werden wir wohnen.«

»Oje«, sagte die Prinzessin. Sie musste sich bücken, damit sie zu der niedrigen Tür hineinkam. »Und wo sind die Diener?«

»Welche Diener?«, fragte der Bettelmann. »Du musst selbst tun, was getan werden muss. Mach nur gleich Feuer an, stell Wasser auf und koche mir mein Essen. Ich bin hungrig und müde.«

Die Königstochter verstand aber nichts vom Feuermachen und Kochen und der Bettelmann musste ihr helfen.

Als sie gegessen hatten, legten sie sich schlafen. Aber die Nacht war kurz. Am Morgen trieb der Spielmann die Prinzessin schon ganz früh aus den Federn und rief: »An die Arbeit. Es gibt viel zu tun!«

Sie räumte auf, putzte, fegte und kochte, so gut es ging.

Nach ein paar Tagen war nichts mehr zu essen im Haus. Da sagte ihr Mann: »Wir müssen Geld verdienen. Du solltest Körbe flechten.«

Er schnitt Weidenruten am Bach und brachte sie heim.

Die Prinzessin fing an zu flechten, aber die harten Weiden stachen ihr die zarten Hände wund.

»Ich sehe, das geht nicht«, sagte ihr Mann. »Vielleicht kannst du spinnen?«

Sie setzte sich hin und versuchte zu spinnen, aber der harte Faden schnitt ihr bald in die weichen Finger, dass das Blut herunterlief.

»Was kannst du eigentlich?«, rief der Mann ärgerlich. »Mit dir hab ich keinen guten Griff getan. Vielleicht kannst du wenigstens auf dem Markt Töpfe und Geschirr verkaufen?«

»Wenn Leute aus meines Vaters Reich auf den Markt kommen und sehen mich da sitzen, wie werden die mich verspotten!«, klagte die Prinzessin. Aber es half nichts, sie musste sich fügen.

Das erste Mal ging alles gut. Die Leute kauften bei ihr ein, weil sie hübsch und freundlich war. Sie bezahlten, was sie verlangte, und viele gaben ihr das Geld und wollten die Töpfe gar nicht.

Als das Geld verbraucht war, besorgte der Mann neues Geschirr. Seine Frau setzte sich damit an eine Ecke des Marktes.

Plötzlich kam ein Reiter dahergejagt und ritt geradewegs in die Töpfe hinein, dass alles in tausend Scherben zersprang. Die junge Frau wusste vor Schreck nicht, was sie jetzt machen sollte.

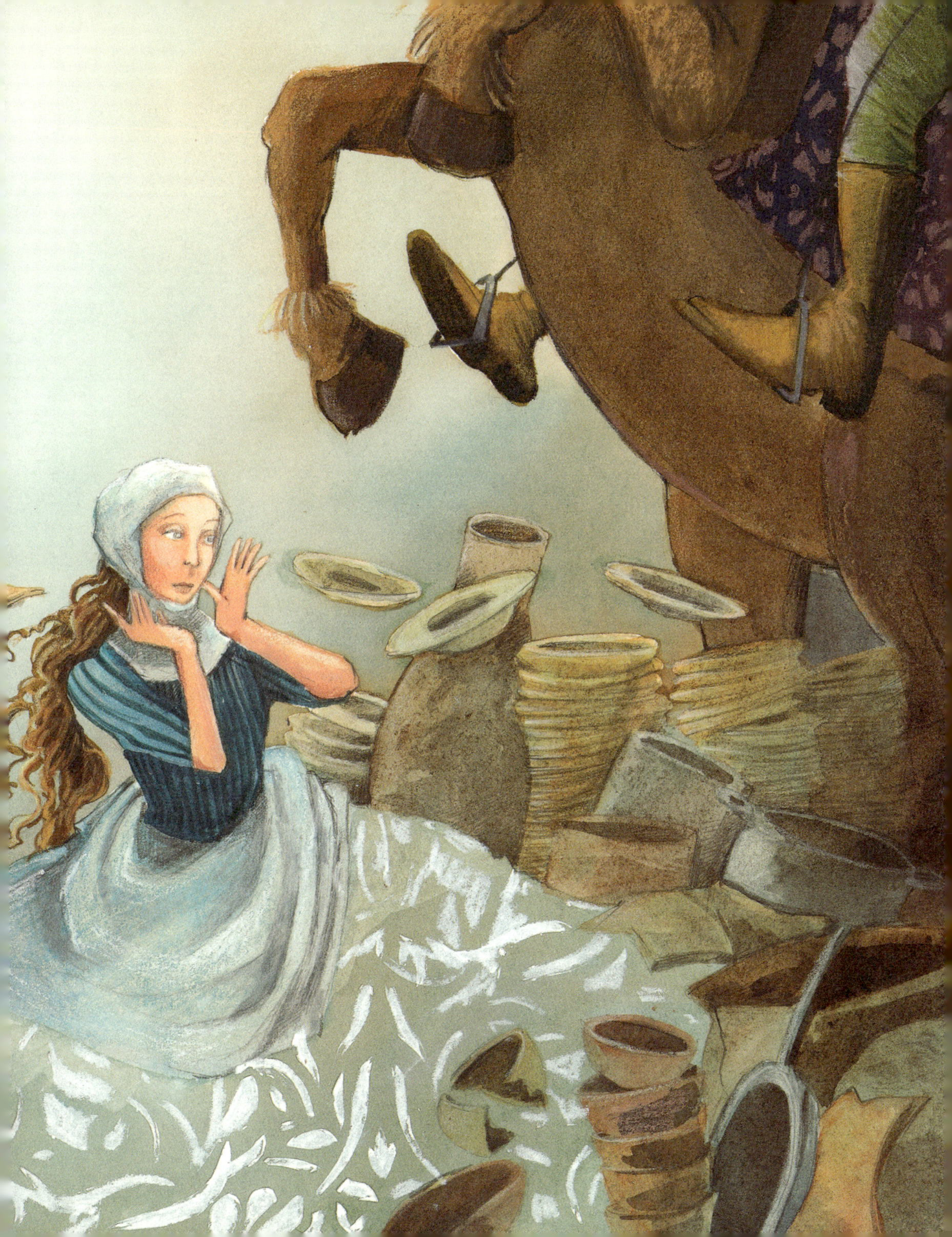

»Ach, was wird mein Mann dazu sagen!«, schluchzte sie. Dann lief sie heim und erzählte ihm von dem Unglück.

»Weshalb bist du auch so ungeschickt und setzt dich mit dem zerbrechlichen Geschirr ausgerechnet an die Marktecke!«, tadelte sie ihr Mann. »Ich sehe schon, du bist zu keiner ordentlichen Arbeit zu gebrauchen. Im Königsschloss suchen sie eine Küchenmagd. Vielleicht ist das die richtige Arbeit für dich? Da kriegst du wenigstens das Essen umsonst und ich muss dich nicht ernähren.«

So wurde aus der Königstochter eine Küchenmagd. Sie musste dem Koch zur Hand gehen, Rüben putzen, Kartoffeln schälen und Geschirr abwaschen. Dafür durfte sie von den Essensresten essen. In einem Töpfchen, das sie heimlich unter ihrem Rock befestigt hatte, brachte sie ihrem Mann am Abend eine Mahlzeit mit.

Eines Tages waren alle aufgeregt im Königsschloss, denn die Hochzeit des ältesten Königssohnes stand bevor.

Die Prinzessin schlich sich heimlich vor die Saaltür, um mit den anderen Dienern einen Blick auf die Gäste zu werfen.

Abends als die Lichter angezündet waren, kamen die Gäste in Kutschen vorgefahren. Einer war prächtiger gekleidet als der andere. Die Prinzessin stand traurig da und verwünschte ihren Stolz und Übermut, der sie erniedrigt und in so große Armut gestürzt hatte.

Von den köstlichen Speisen, die ein und aus getragen wurden, schoben ihr Diener manchmal ein paar Reste zu, die Gäste auf dem Teller gelassen hatten. Sie tat sie in ihr geheimes Töpfchen, um es ihrem Mann mitzubringen.

Plötzlich waren alle still. Der Königssohn kam herein. Er war in Samt und Seide gekleidet und hatte eine goldene Kette um den Hals. Als er das schöne Mädchen in der Tür stehen sah, ergriff er ihre Hand und wollte mit ihr tanzen. Aber sie weigerte sich, denn der junge Prinz war kein anderer als der König Drosselbart, den sie so verspottet hatte. Ihr Sträuben half nichts, er zog sie in den Saal. Mitten auf der Tanzfläche zerriss das Band, an dem das Töpfchen befestigt war. Der Topf fiel heraus und die Essensreste verteilten sich auf dem Boden.

Die Leute lachten und deuteten mit den Fingern auf sie. War das peinlich! Am liebsten wäre sie im Erdboden versunken. Sie wollte davonlaufen, aber auf der Treppe holte sie ein Mann ein und brachte sie zurück. Sie wagte kaum, ihn anzusehen, es war wieder der König Drosselbart. Als er zu ihr sprach, kam ihr seine Stimme seltsam vertraut vor. Und dann erfuhr sie auch warum:

»Ich bin der Spielmann, der mit dir in dem elenden Häuschen gewohnt hat! Dir zuliebe habe ich mich verkleidet und verstellt, und der Reiter, der mitten in deine Töpfe geritten ist, das war ich auch. Zur Strafe dafür, dass du mich so verspottet hast, und dafür, dass du so stolz und hochmütig warst.«

Da weinte die Prinzessin und sagte: »Ich hab mich unmöglich benommen. Ich bin nicht wert, deine Frau zu sein.«

Der König aber nahm sie in den Arm und sagte: »Die schlimme Zeit ist endlich vorbei. Lass uns jetzt fröhlich Hochzeit feiern.«

Da kamen schon die Kammerfrauen und brachten das Hochzeitskleid. Und ihr Vater kam und der ganze Hof. Alle wünschten ihr Glück zu ihrer Vermählung mit König Drosselbart.

Die rechte Freude fing jetzt erst an. Ich wollte, du und ich, wir wären auch dabei gewesen.

Das Märchen vom Fischer und seiner Frau

Es war einmal ein Fischer, der wohnte mit seiner Frau Ilsebill in einer schmutzigen Ecke am Hafen, die man den Pisspott nannte. Eines Tages fing der Fischer einen riesigen Butt.

Als er ihn aus dem Wasser zog, rief der Fisch: »Bitte, lass mich leben, ich bin kein echter Fisch, ich bin ein verzauberter Prinz. Wirf mich wieder ins Wasser.«

»Red nicht lang!«, sagte der Mann. »Einen sprechenden Fisch hätt ich sowieso schwimmen lassen.« Dann warf er den Fisch ins Meer zurück.

»Hast du heute gar nichts gefangen?«, fragte Ilsebill, als ihr Mann in den Pisspott zurückkam.

Der Fischer erzählte von dem seltsamen Fang.

»Waaas? Ein verzauberter Fisch? Und du hast ihn einfach schwimmen lassen und dir gar nichts gewünscht?«, schimpfte Ilsebill.

»Was sollt ich mir denn schon wünschen?«, brummte ihr Mann.

»Wünsche gibt es doch genug«, sagte Ilsebill. »Ich hab zum Beispiel keine Lust mehr, hier im stinkigen Pisspott zu wohnen. Geh noch einmal hin und sag ihm, wir möchten gern ein schönes Haus haben!«

Der Mann widersprach seiner Frau nicht lang und lief zurück zum Strand. Als er dort ankam, war die See ganz grün und gelb und schäumte. Er hielt die Hände wie einen Trichter vor den Mund und rief:

*Manntje, Manntje, Timpe Te, Buttje, Buttje in der See,
meine Frau, die Ilsebill, will nicht so, wie ich gern will.*

Da kam der Butt angeschwommen und fragte: »Na, was will sie denn?«
»Sie mag nicht mehr im Pisspott wohnen. Sie möchte gern ein Haus haben«, sagte der Fischer.
»Geh nur heim«, sagte der Fisch. »Sie hat es schon.«
Als der Fischer zurückkam, saß seine Frau auf der Bank vor einem hübschen kleinen Haus. Sie nahm ihn an der Hand und rief begeistert:

»Komm nur rein und sieh dir alles an. Es ist wunderschön.«

Im Haus gab es eine große Stube und eine Kammer, in der für jeden ein Bett stand. Daneben war eine Küche mit Speisekammer. Hinter dem Haus befanden sich ein kleiner Hof mit Hühnern und Enten und ein Garten mit Gemüsebeeten und Obstbäumen. Nachdem sie alles bewundert hatten, aßen sie zusammen und gingen zu Bett.

So ging das wohl acht oder vierzehn Tage, da nörgelte Ilsebill: »Das Häuschen ist doch ziemlich eng und der Hof und der Garten sind recht klein. Dein Butt hätte uns schon ein größeres Haus schenken können. Am liebsten möchte ich in einem Schloss wohnen. Geh hin zum Butt und sag ihm, er soll uns eins schenken.«

Dem Fischer fiel es schwer, den Butt noch mal um einen Gefallen zu bitten. Aber er wollte keinen Ärger mit seiner Frau und so ging er zum Strand. Als er an die See kam, war das Wasser violett und dunkelblau. Er hielt wieder die Hände vor den Mund und rief:

Manntje, Manntje, Timpe Te, Buttje, Buttje in der See,
meine Frau, die Ilsebill, will nicht so, wie ich gern will.

»Na, was will sie denn?«, fragte der Butt.
»Ach«, seufzte der Fischer. »Sie möchte in einem Schloss wohnen.«
»Geh nur hin, sie steht schon davor«, sagte der Fisch.

Als der Fischer zu Hause ankam, stand da ein schönes Schloss.
Seine Frau erwartete ihn oben an der Treppe.
»Komm nur herein und sieh dir alles an!«, rief sie vergnügt. Und dann nahm sie ihn an der Hand und führte ihn stolz herum.
Der Fußboden war aus Marmor. Die Wände waren mit kostbaren Tapeten und Wandteppichen bedeckt. In den Zimmern standen goldene

Stühle und Tische. Kronleuchter aus glitzerndem Kristall hingen von den hohen Decken herab. Diener begrüßten sie überall und rissen höflich die großen Türen auf.

Hinter dem Schloss befand sich ein großer Hof mit Kuhstall, Pferdestall und mit feinen Kutschen. Vor dem Schloss war ein Park mit Blumen und blühenden Obstbäumen. Dahinter lag ein Wald mit Hirschen, Rehen und Hasen darin.

»Na«, sagte Ilsebill, »ist das nicht schön?«

»Ach ja«, sagte ihr Mann, »So soll es bleiben. Nun wollen wir auch zufrieden sein.«

Am nächsten Morgen wachte Ilsebill als Erste auf. Ihr Mann reckte sich noch und gähnte, da stieß sie ihn mit dem Ellbogen in die Seite und sagte:

»Mann, steh auf und guck einmal aus dem Fenster! Sieht das nicht schön aus? Sag, können wir nicht Herrscher werden über all dies Land? Geh hin zum Fisch und sag, wir wollen Kaiser sein.«

»Ach, Ilsebill«, sagte der Fischer. »Ich mag nicht Kaiser sein.«

»Aber ich will Kaiser sein. Also: Sag es dem Fisch. Schließlich hast du ihm das Leben geschenkt. Geh sofort hin!«, befahl Ilsebill.

Diesmal war die See ganz schwarz und tief und brodelte. Richtig unheimlich war es dem Fischer. Aber dann nahm er allen Mut zusammen und rief:

Manntje, Manntje, Timpe Te, Buttje, Buttje in der See,
meine Frau, die Ilsebill, will nicht so, wie ich gern will.

»Nun, was will sie denn?«, fragte der Fisch.

»Sie will Kaiser werden!«, seufzte der Fischer.

»Geh nur hin«, sagte der Fisch. »Sie ist es schon.«

Da ging der Mann zurück. Das Schloss war ein Palast geworden. Soldaten marschierten davor auf und ab. Sie bliesen Trompeten und schlugen Pauken und Trommeln. Barone, Grafen und Herzoge gingen als Bediente herum und hielten die prächtig geschnitzten Türen auf. Seine Frau saß auf einem Thron aus Gold. Sie hatte eine prächtige Krone auf, die mit Edelsteinen besetzt war. In der einen Hand hielt sie das Zepter und in der andern Hand den Reichsapfel.

Aber es dauerte gar nicht lange, da war die Frau des Fischers wieder unzufrieden und sagte: »Ich bin nun lang genug Kaiser. Jetzt will ich Papst werden. Geh hin zum Fisch und sag es ihm.«

»Ach, Ilsebill«, sagte der Mann. »Papst kannst du nicht werden, das kann der Butt doch nicht machen.«

»Mann, oh Mann!«, rief sie und stampfte ärgerlich mit dem Fuß. »Hast du nicht gehört, was ich gesagt habe: Ich will Papst werden! Geh sofort hin und sag es dem Butt.«

Als der Fischer zum Strand kam, rauschte und brauste das Wasser, als ob es kochte. In der Ferne sah er die Schiffe, die auf den Wellen tanzten. Doch war der Himmel noch ein bisschen blau in der Mitte, aber an den Seiten zog es herauf wie ein schweres Gewitter. Da stellte er sich recht verzagt hin und rief:

*Manntje, Manntje, Timpe Te, Buttje, Buttje in der See,
meine Frau, die Ilsebill, will nicht so, wie ich gern will.*

»Nun, was will sie denn?«, fragte der Fisch.
   »Ach«, seufzte der Mann. »Sie will Papst werden.«
   »Geh nur hin, sie ist es schon«, sagte der Butt.

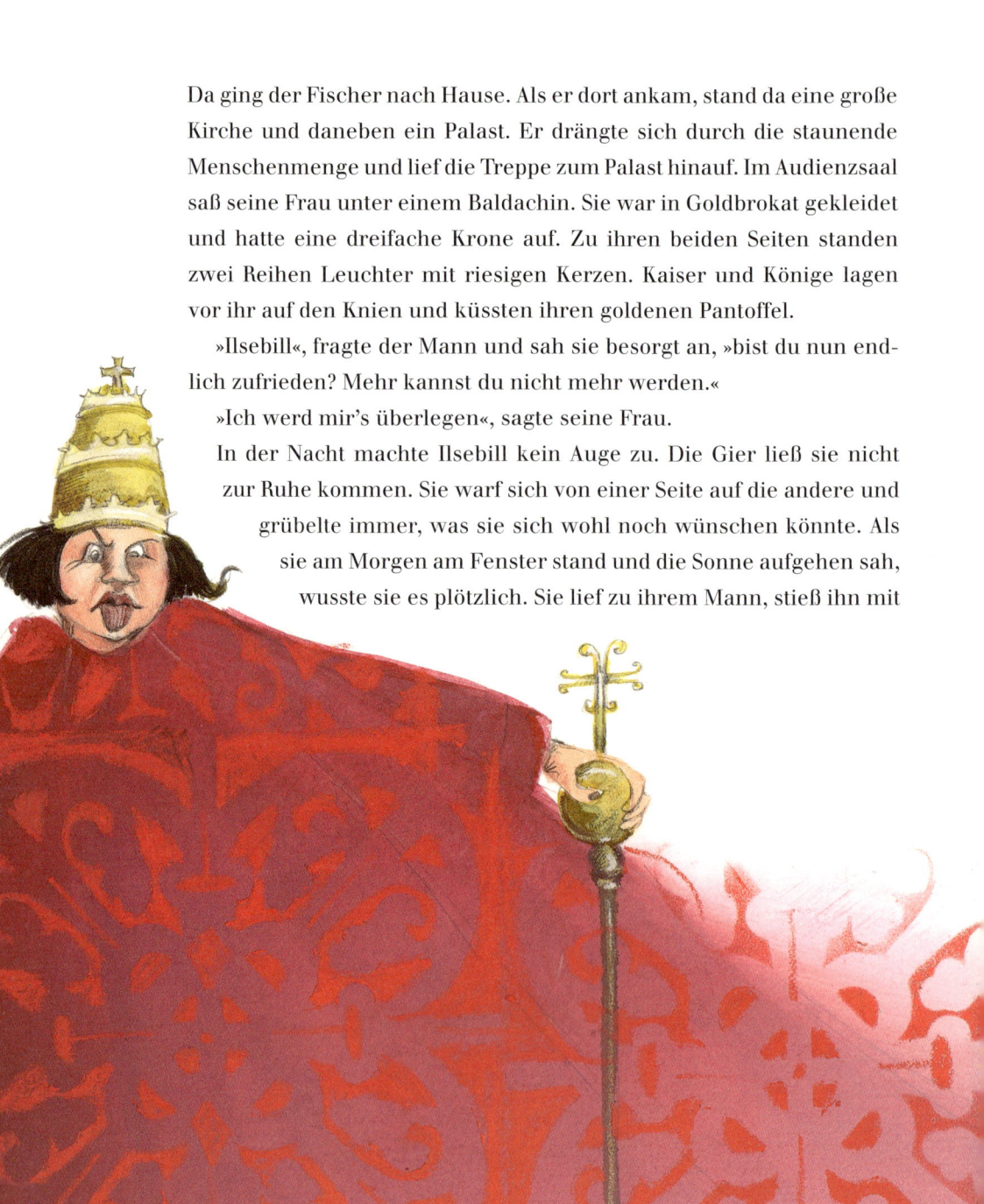

Da ging der Fischer nach Hause. Als er dort ankam, stand da eine große Kirche und daneben ein Palast. Er drängte sich durch die staunende Menschenmenge und lief die Treppe zum Palast hinauf. Im Audienzsaal saß seine Frau unter einem Baldachin. Sie war in Goldbrokat gekleidet und hatte eine dreifache Krone auf. Zu ihren beiden Seiten standen zwei Reihen Leuchter mit riesigen Kerzen. Kaiser und Könige lagen vor ihr auf den Knien und küssten ihren goldenen Pantoffel.

»Ilsebill«, fragte der Mann und sah sie besorgt an, »bist du nun endlich zufrieden? Mehr kannst du nicht mehr werden.«

»Ich werd mir's überlegen«, sagte seine Frau.

In der Nacht machte Ilsebill kein Auge zu. Die Gier ließ sie nicht zur Ruhe kommen. Sie warf sich von einer Seite auf die andere und grübelte immer, was sie sich wohl noch wünschen könnte. Als sie am Morgen am Fenster stand und die Sonne aufgehen sah, wusste sie es plötzlich. Sie lief zu ihrem Mann, stieß ihn mit dem Ellbogen in die Rippen und rief: »Wach auf! Geh hin zum Fisch. Jetzt weiß ich, was ich will. Ich will die Sonne auf- und untergehen lassen. Ich will werden wie der liebe Gott.«

Der Fischer war noch halb im Schlaf. Er erschrak so sehr, dass er aus dem Bett fiel. Er meinte, er hätte sich verhört und rieb sich die Augen aus und fragte: »Ach, äh – Ilsebill, was hast du gesagt?«

»Ich will werden wie der liebe Gott.«

»Um Himmels willen, Ilsebill«, flehte der Fischer und fiel vor ihr auf die Knie. »Lass es endlich gut sein. Das kann der Fisch nicht!«

Da geriet Ilsebill in helle Wut, tobte und schrie: »Ich befehle es dir! Willst du wohl gleich hingehen!«

Da schlüpfte der Fischer in seine Hose und rannte zum Strand.

Draußen heulte der Sturm und brauste, dass der arme Fischer sich kaum auf den Füßen halten konnte. Der Himmel war pechschwarz. Es donnerte und blitzte. Die See schäumte und tobte in schwarzen Wellen, die so hoch wie Kirchtürme waren. Da schrie der Fischer mit aller Kraft:

Manntje, Manntje, Timpe Te, Buttje, Buttje in der See,
meine Frau, die Ilsebill, will nicht so, wie ich gern will.

»Nun, was will sie denn?«, fragte der Fisch.

»Ach«, seufzte der Mann. »Sie will werden wie der liebe Gott.«

»Geh nur hin«, sagte der Butt. »Sie sitzt schon wieder im Pisspott.«

Gänseliesel

Es war einmal eine Königin, die war schon lange verwitwet. Sie liebte ihre einzige Tochter sehr. Und als die Prinzessin in ein fernes Königreich reisen sollte, um dort einen Prinzen zu heiraten, packte sie ihr alle erdenklichen Kostbarkeiten ein. Sie gab ihr auch eine Kammerjungfer an die Seite, die auf Braut und Brautschatz gut aufpassen und beides unversehrt dem Bräutigam übergeben sollte.

Als nun die Abschiedsstunde da war, ging die Mutter in ihre Schlafkammer, stach sich mit einer Nadel, nahm ein weißes Läppchen und ließ drei Tropfen Blut darauf fallen. Das Tuch gab sie ihrer Tochter und sagte: »Pass gut darauf auf! Es wird dir unterwegs vielleicht von Nutzen sein.«

Mutter und Tochter verabschiedeten sich mit Tränen. Das Mädchen steckte das weiße Tuch in ihr Kleid. Und dann setzte sie sich auf ihr Pferd. Es war ein ganz besonderes Pferd, denn es konnte sprechen. Sein Name war Falada. Die beiden Mädchen waren gute Reiterinnen und die Prinzessin freute sich auf die Reise.

Als sie eine Stunde geritten waren, hatte die Königstochter großen Durst und sagte zu ihrer Kammerjungfer: »Steig ab und schöpf mir mit meinem goldenen Becher Wasser aus dem Bach, ich möchte gern etwas trinken.«

»Wenn Ihr Durst habt«, sprach die Kammerjungfer mürrisch, »so steigt selber ab. Trinkt aus der Hand. Was braucht ihr einen goldenen Becher?«

Die Königstochter ärgerte sich über die freche Antwort. Aber weil sie keinen Streit anfangen wollte, stieg sie vom Pferd, ging zum Bach. Als sie mit den Händen Wasser schöpfte, seufzte sie.

Die drei Blutstropfen redeten zu ihr und sagten:

> *Wenn das deine Mutter wüsste,*
> *das Herz im Leibe tät ihr zerspringen.*

Aber die Braut sagte nichts und stieg wieder aufs Pferd.

So ritten sie einige Meilen weiter. Die Sonne stach und die junge Braut bekam wieder Durst. Als sie an einen Fluss kamen, rief sie ihrer Kammerjungfer zu:

»Steig ab und gib mir aus meinem Goldbecher zu trinken!«

Die Kammerjungfer antwortete: »Wollt Ihr trinken, so trinkt allein, ich mag Eure Magd nicht länger sein.«

Da stieg die Königstochter vom Pferd, ging zum Fluss und weinte.

> *Wenn das deine Mutter wüsste,*
> *das Herz im Leibe tät ihr zerspringen,*

sagten die Blutstropfen, die in ihrem Kleid verborgen waren.

Als sich die Prinzessin übers Wasser beugte, fiel unbemerkt das Läppchen aus ihrem Kleid und schwamm auf dem Fluss fort.

Die Kammerjungfer sah es und freute sich, dass sie jetzt Gewalt über die Braut bekommen konnte, weil sie ihren Schutzzauber verloren hatte.

Als die Königstochter nun wieder auf ihr Pferd steigen wollte, sagte die Kammerjungfer: »Auf Falada werde jetzt ich reiten! Du nimmst meinen Gaul!«

Und dann befahl sie der Königstochter mit harten Worten, ihre schönen Kleider auszuziehen und ihre schlichten anzulegen. Außerdem musste sie unter freiem Himmel bei Gott schwören, dass sie am Königshof keinem Menschen etwas davon sagen wollte, wenn ihr das Leben lieb sei.

Von da an ritt die Kammerzofe auf Falada, bis sie zum Schloss des Bräutigams kamen. Dort wurden sie schon erwartet. Der Königssohn lief den beiden Mädchen entgegen und hob die Kammerjungfer in den prächtigen Kleidern vom Pferd, weil er dachte, sie sei seine zukünftige Frau. Er führte sie die Treppe hinauf und die echte Königstochter musste unten stehen bleiben.

Der alte König stand am Fenster und beobachtete alles. Dann ging er ins königliche Gemach und fragte die Braut, wen sie denn da mitgebracht habe.

»Die hab ich mir unterwegs aufgelesen zur Gesellschaft, damit die Reise nicht so langweilig ist. Gebt ihr Arbeit, damit sie nicht faul herumsteht«, sagte die falsche Braut schnippisch.

Der alte König überlegte und sagte: »Sie könnte als Gänseliesel aushelfen.«

Von da an half die Königstochter dem Jungen, den alle Kürdchen nannten, beim Gänsehüten.

Am nächsten Tag sagte die falsche Braut zum jungen König: »Liebster Gemahl, ich bitte Euch, tut mir einen großen Gefallen. Holt den Schinder und lasst dem Pferd, auf dem ich hergeritten bin, den Kopf abhauen. Es hat mich unterwegs schrecklich geärgert!« Sie fürchtete nämlich, dass das sprechende Pferd sie eines Tages verraten könnte.

Als der Königstochter zu Ohren kam, dass ihr Lieblingspferd geschlachtet werden sollte, versprach sie dem Pferdemetzger heimlich ein Stück Geld, wenn er ihr einen kleinen Dienst erwiese. In der Stadt war ein großes, finsteres Tor, wo sie abends und morgens mit den Gänsen durchmusste. Dort sollte er Faladas Kopf hinnageln, damit sie ihn immer sehen könnte. Der Mann versprach es und hielt sein Wort. Er nagelte Faladas Kopf unter das finstere Tor.

Am nächsten Morgen, als die Königstochter und Kurt die Gänse durch das Tor hinaustrieben, sprach sie im Vorbeigehen:

Oh Falada, da du hangest!

Und der Kopf antwortete:

Oh Jungfer Königin, da du gangest.
Wenn das deine Mutter wüsste,
das Herz im Leib␣tät ihr zerspringen.

Die Prinzessin trieb mit Kurt die Gänse aufs Feld. Und wenn sie auf der Wiese angekommen war, setzte sie sich auf einen Stein und bürstete ihre Haare. Die glänzten wie reines Gold.

Kurt freute sich über den schönen Anblick und wollte ihr voller Übermut ein paar der goldenen Haare ausraufen. Da sprach sie:

> *Weh, weh, Windchen,*
> *nimm Kürdchen sein Hütchen*
> *und lass ihn sich mit jagen,*
> *bis ich mich geflochten und geschnatzt*
> *und wieder aufgesatzt.*

Plötzlich kam ein so starker Wind, dass Kurts Hut wegwehte und er ihm nachjagen musste. Bis er wiederkam, war sie mit dem Kämmen und Flechten der Haare fertig, und er konnte ihr keine Haare mehr ausreißen.

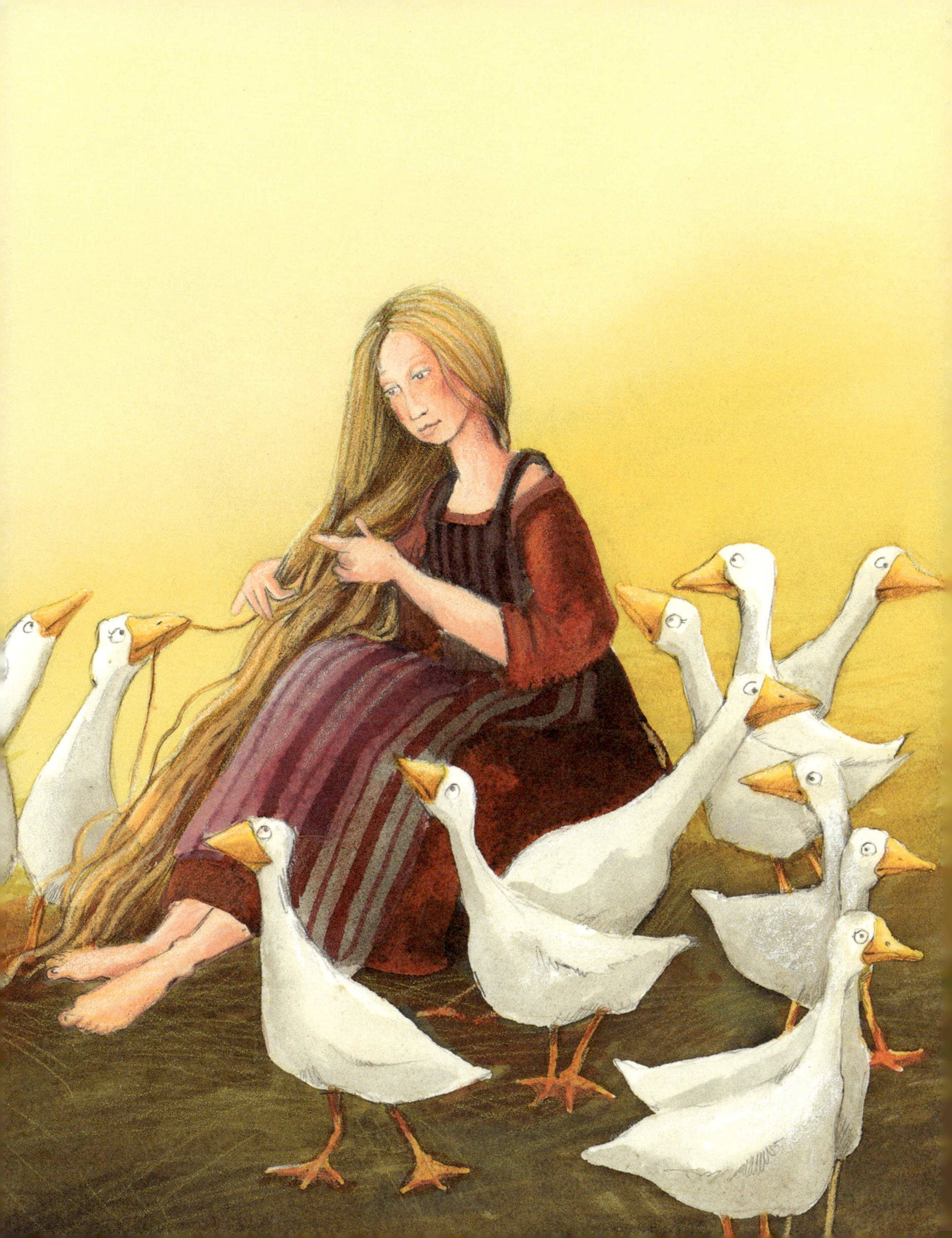

Abends aber, nachdem sie heimgekommen waren, ging Kurt zum alten König und sagte: »Mit dem seltsamen fremden Mädchen will ich nicht länger Gänse hüten.«

»Warum denn, Kürdchen?«, fragte der alte König.

»Sie ärgert mich den ganzen Tag. Morgens, wenn wir unter dem finstern Tor mit der Herde durchkommen, redet sie mit dem Gaulskopf an der Wand und auf der Gänsewiese redet sie mit dem Wind und ich muss meinem Hut hinterherjagen. Das ist doch nicht normal, oder?«

»Geh morgen wieder mit ihr hinaus, als sei nichts geschehen«, sagte der alte König nachdenklich. »Ich werde mich persönlich um die Sache kümmern.«

Am nächsten Morgen setzte sich der König selbst unter das dunkle Tor. Da hörte er mit eigenen Ohren, wie das Mädchen mit dem Pferdekopf sprach. Er folgte ihnen aufs Feld und versteckte sich hinter einem Busch. Dort sah er mit eigenen Augen, wie die Gänseliesel ihre Haare losflocht, und als Kurt danach greifen wollte, mit dem Wind redete:

> *Weh, weh, Windchen,*
> *nimm Kürdchen sein Hütchen*
> *und lass ihn sich mit jagen,*
> *bis ich mich geflochten und geschnatzt*
> *und wieder aufgesatzt.*

Ein Windstoß fegte daraufhin Kurts Hut fort, und er musste hinterherjagen, um ihn einzufangen.

Nachdem der alte König das alles gesehen hatte, ging er ins Schloss zurück. Als die Gänsemagd abends heimkam, rief er sie beiseite und fragte, warum sie das alles machte.

»Das darf ich Euch nicht sagen!«, rief die Gänseliesel erschrocken. »Und ich darf auch keinem Menschen mein Leid klagen. Das hab ich unter freiem Himmel bei Gott und meinem Leben geschworen.« Und sosehr sich der alte König auch bemühte, er konnte nicht mehr aus ihr herausbringen.

Da sagte er schließlich: »Wenn du es keinem Menschen verraten darfst, so klag dem Eisenofen dort in der Ecke dein Leid!«

Dann ging er aus dem Zimmer.

Da steckte die Gänsemagd den Kopf in den Ofen und schüttete ihr Herz aus: »Lieber Ofen, da sitze ich nun von aller Welt verlassen. Meine Kammerjungfer hat mich gezwungen, meine königlichen Kleider abzulegen. Sie hat meinen Bräutigam genommen, sie hat mein Pferd töten lassen und ich muss Gänse hüten. Wenn das meine Mutter wüsste, das Herz im Leib tät ihr zerspringen.«

Der alte König stand draußen am Ofenrohr und hörte jedes Wort. Schnell begriff er, was vorgefallen war. Als er wieder hereinkam, zog er die echte Prinzessin aus dem Ofen und nahm sie in den Arm. Dann ließ er von seinen Dienern königliche Kleider bringen.

Wie schön sie darin aussah!

Der alte König rief seinen Sohn und sagte ihm, dass er beinahe die falsche Braut geheiratet hätte, die eigentlich nur die Kammerzofe der Prinzessin und eine schlimme Betrügerin war.

Der junge König war froh, dass ihn sein Vater vor dem schweren Irrtum bewahrt hatte. Und dann wurde die Schwindlerin mit Schimpf und Schande aus dem Schloss gejagt. Danach wurde ein großes Hochzeitsfest gefeiert, zu dem die Mutter der Braut und alle guten Freunde aus nah und fern eingeladen wurden. Und das junge Paar lebte glücklich, bis ans Ende seiner Tage.

Das Märchen von Frau Holle
oder
Goldmarie und Pechmarie

Eine Witwe hatte zwei Töchter, die hießen beide Marie. Die eine war ihre richtige Tochter, die andere ihre Stieftochter. Die eine Marie war schön und fleißig, die andere hässlich und faul. Die Mutter hatte aber die hässliche und faule, weil sie ihre eigene Tochter war, viel lieber. Ihre Stieftochter musste alle schwere Arbeit tun und das Aschenputtel im Hause sein. Das arme Mädchen musste sich jeden Tag an die staubige Straße beim Brunnen setzen und so viel spinnen, dass ihm die Finger bluteten. Als sie einmal die Blutflecken im Brunnen abwaschen wollte, fiel die Spule ins Wasser. Marie weinte, lief zur Stiefmutter und erzählte von ihrem Missgeschick.

»Dummes Ding! Hast du die Spule in den Brunnen fallen lassen, so hol sie auch wieder heraus«, schimpfte die Mutter. Da ging das Mädchen zum Brunnen zurück und versuchte hineinzuklettern. Sie rutschte ab, fiel ins Wasser, ging unter und verlor die Besinnung.

Als Marie wieder zu sich kam, war sie auf einer schönen Wiese. Die Sonne schien und tausend Blumen blühten ringsum. Am Wiesenrand stand ein Backofen. Es duftete nach frischem Brot. Plötzlich hörte Marie, wie das Brot im Ofen rief:

Zieh mich heraus, zieh mich heraus, sonst verbrenn ich!

Da nahm Marie den Brotschieber und holte das Brot heraus.

Kurz darauf kam sie zu einem Baum, der hing voller reifer Äpfel, die riefen ihr zu:

> *Komm, schüttle uns, komm, schüttle uns,*
> *wir Äpfel sind alle miteinander reif!*

Da schüttelte Marie den Baum, dass die Äpfel alle ins weiche Gras purzelten. Dann legte sie alle zusammen sorgfältig auf einen Haufen und ging weiter.

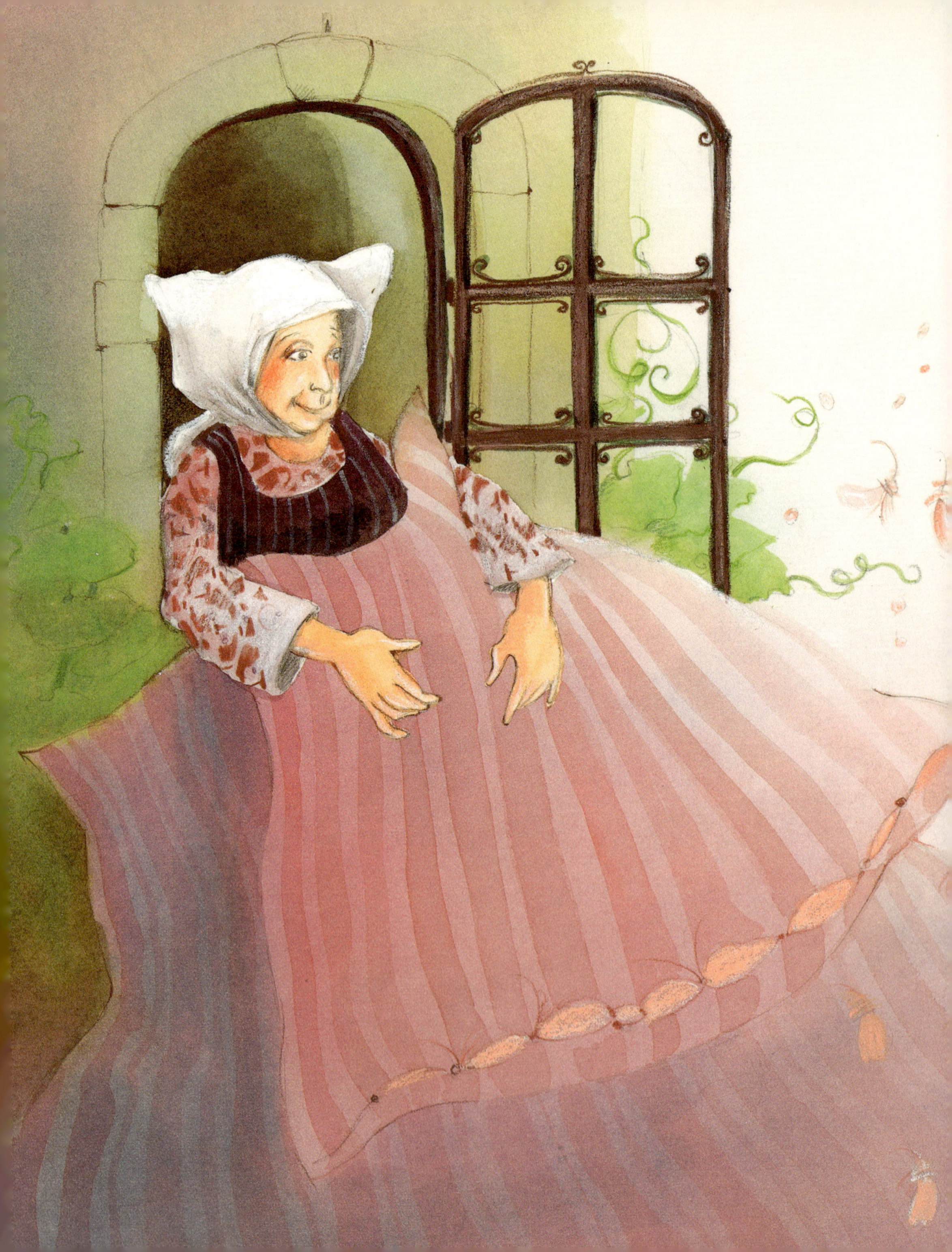

Bald darauf kam sie zu einem freundlichen, kleinen Haus. Eine alte Frau mit faltigem Gesicht und großen Zähnen sah aus dem Fenster. Marie bekam Angst und wollte weglaufen.

Die alte Frau aber rief ihr nach: »Halt! Bleib hier! Hab keine Angst. Wenn du alle Arbeit im Hause ordentlich tun wirst, soll es dir gut bei mir gehen. Außerdem musst du mein Bett so gut aufschütteln, dass die Federn fliegen, dann schneit es in der Welt. Ich bin die Frau Holle.«

Die Stimme der alten Frau war warm und herzlich. So fasste Marie Zutrauen, willigte ein und blieb.

Frau Holle hatte allen Grund, mit Marie zufrieden zu sein. Sie schüttelte nicht nur ihr Bett immer auf, dass die Federn wie Schneeflockenwolken umherflogen, sondern sie erledigte auch alles, was im Haus und Garten zu tun war, flink und ordentlich.

Dafür hatte Marie auch ein gutes Leben bei ihr. Es fiel kein böses Wort und alle Tage gab es gut und reichlich zu essen. Trotzdem bekam Marie nach einiger Zeit Heimweh. Und obwohl es ihr bei Frau Holle tausendmal besser ging als zu Hause, wollte sie doch wieder nach Hause zurück.

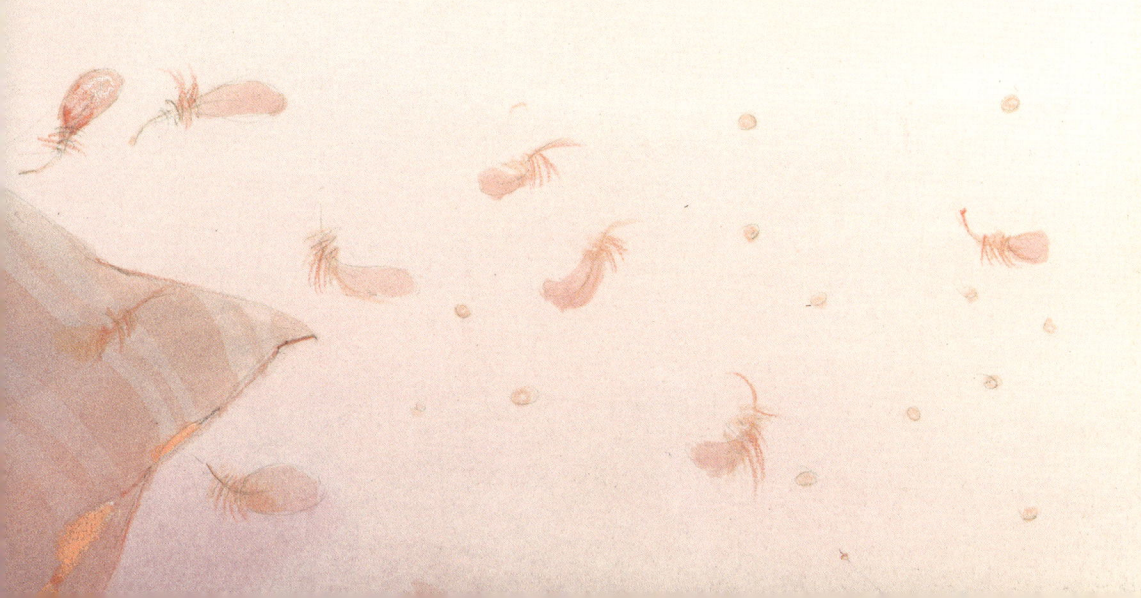

Eines Tages gestand sie es der Frau Holle.

Die hatte Verständnis und sagte: »Es gefällt mir, dass du wieder nach Hause in deine Welt willst, Marie. Und weil du mir so treu gedient hast, will ich dich selbst hinaufbringen.«

Sie nahm Marie bei der Hand und führte sie vor ein großes Tor. Als Marie unter dem Torbogen stand, fiel ein Goldregen herunter, und alles Gold blieb an ihr hängen, sodass sie über und über davon bedeckt war.

»Das ist der Lohn dafür, dass du so fleißig und ordentlich gewesen bist«, sagte Frau Holle. Sie gab Marie auch die Spule wieder, die ihr in den Brunnen gefallen war. Darauf schloss sich das Tor hinter ihr und Marie befand sich wieder oben auf der Welt, nicht weit vom Haus ihrer Mutter.

Als sie in den Hof kam, flog der Hahn auf das Dach und krähte laut:

Kikeriki! Kikeriki!
Da kommt die Goldmarie!

Mutter und Schwester rissen die Augen auf, als sie das viele Gold sahen, und Marie musste erzählen, wie alles gekommen war.

Jetzt wollte die faule Marie auch durch das goldene Tor gehen!

Sie beschloss, das Gleiche zu tun, was Marie getan hatte. Also setzte sie sich an den Brunnen, spann, warf die Spindel hinein und sprang ihr nach. Sie kam auf die schöne Wiese und ging auf demselben Weg weiter wie ihre Schwester. Als sie zu dem Backofen kam, schrie das Brot:

Zieh mich heraus, zieh mich heraus, sonst verbrenn ich!

Die faule Marie aber sah auf den rußigen Ofen und antwortete spöttisch: »Ich hab keine Lust, mich schmutzig zu machen und mir die Finger zu verbrennen!«

Kurz darauf kam sie zu dem Apfelbaum, der rief:

Komm, schüttle uns, komm, schüttle uns,
wir Äpfel sind alle miteinander reif!

»Fällt mir nicht im Traum ein!«, antwortete die faule Marie. »Da könnte mir ja einer von euch auf den Kopf fallen!«

Als die faule Marie vor der Frau Holle Haus kam, fürchtete sie sich nicht, weil sie von ihren großen Zähnen schon gehört hatte. Sie verlangte gleich nach Arbeit.

Am ersten Tag gab sie sich Mühe und war fleißig. Sie gehorchte Frau Holle, wenn sie ihr etwas sagte, denn sie dachte an das viele Gold, das sie ihr schenken würde. Am zweiten Tag aber fing sie schon an zu faulenzen, am dritten noch mehr, da wollte sie morgens gar nicht aufstehen. Sie schüttelte auch das Bett nicht richtig aus.

»Ich denke, wir sollten uns trennen«, seufzte Frau Holle am dritten Tag.

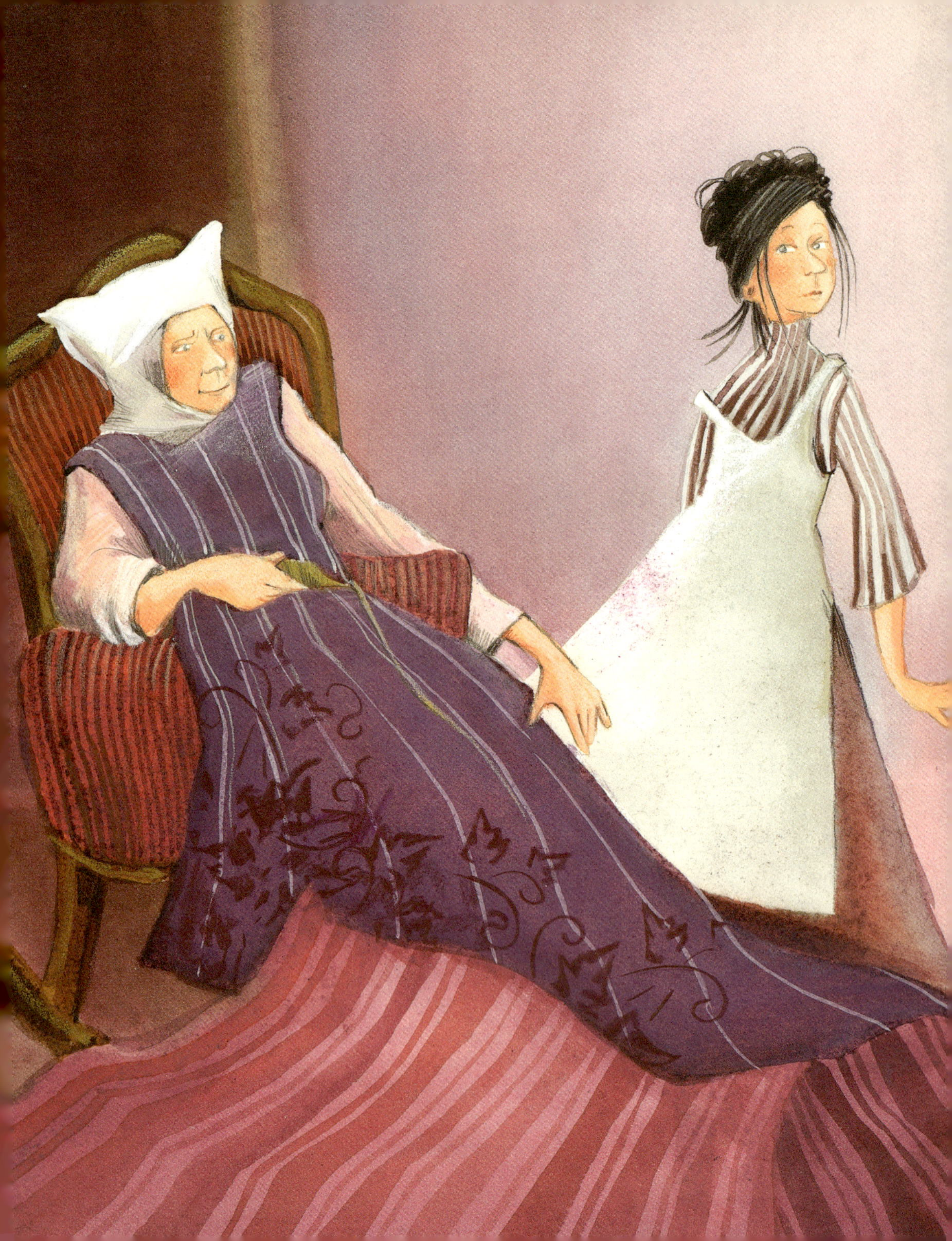

»Gute Idee«, sagte die faule Marie, denn sie dachte, jetzt würde gleich der Goldregen kommen. Frau Holle führte Marie zu dem Tor, von dem ihre Schwester erzählt hatte. Als sie aber darunterstand, wurde statt des Goldes ein großer Kessel Pech ausgeschüttet.

»Das ist die Belohnung für deine Dienste«, sagte Frau Holle und schloss das Tor hinter ihr zu.

Als die faule Marie nach Hause kam, saß der Hahn auf dem Brunnen und krähte:

Kikeriki! Kikeriki!
Da kommt die Pechmarie!

Das Pech aber blieb fest an ihr hängen und wollte lange nicht abgehen. Echt Pech gehabt, Marie! Alle, die die Geschichte später hörten, meinten, Pech war die gerechte Strafe für die faule Marie, weil sie so auf Gold erpicht gewesen war.

Kalif Storch

An einem heißen Sommernachmittag breitete vor dem Palast des Kalifen von Bagdad ein Händler seine Waren aus. Wortreich pries er Perlen und Ringe an und reich mit Silber beschlagene Pistolen. Da kam der Kalif mit seinem Großwesir vorbei. Sie musterten neugierig die Kostbarkeiten. Der Kalif entdeckte in dem Kasten eine kleine Schublade und fragte, ob da auch noch Waren verborgen seien. Der Krämer zog die Schublade heraus. Sie enthielt eine Dose mit schwärzlichem Pulver und ein Papier mit sonderbarer Schrift.

»Die Dose und die Handschrift bekam ich von einem Kaufmann, der sie in Mekka auf der Straße fand«, sagte der Händler. »Ich verkaufe sie euch billig, denn ich kann nichts damit anfangen.«

Der Kalif kaufte die Dose und die Handschrift. Aber lesen konnte er sie auch nicht.

»An der großen Moschee wohnt ein Mann. Er heißt Selim, der Gelehrte, der versteht alle Sprachen, lasst ihn kommen, vielleicht kann er die Schrift entziffern«, riet der Großwesir dem Kalifen.

Der Gelehrte Selim wurde geholt, und der Kalif sagte:

»Du bekommst ein neues Festkleid, wenn du diese Schrift entzifferst. Und zwölf Backenstreiche und fünfundzwanzig auf die Fußsohlen, falls du es nicht kannst, weil man dich dann umsonst Selim, den Gelehrten, nennt.«

Selim verneigte sich, nahm den Zettel, studierte die Schrift genau und murmelte: »Das ist Lateinisch, oh Herr, oder ich lass mich hängen!«

»Sag, was drinsteht«, forderte der Kalif.

Selim übersetzte: »Mensch, der du dieses findest, preise Allah für seine Gnade. Wer von dem Pulver in dieser Dose schnupft und dazu spricht: ›MUTABOR‹, der kann sich in jedes Tier verwandeln und versteht auch die Sprache der Tiere. Willst du wieder in deine menschliche Gestalt zurückkehren, so neige dich dreimal gen Osten und sprich: ›MUTABOR‹. Aber hüte dich: Wenn du während der Verwandlung lachst, dann verschwindet das Zauberwort aus deinem Gedächtnis und du bleibst ein Tier.«

Der Kalif ließ den Gelehrten schwören, niemandem etwas von dem Geheimnis zu sagen, schenkte ihm ein schönes Kleid und entließ ihn.

Zu seinem Großwesir aber sagte er: »Das war ein guter Kauf! Morgen früh gehen wir miteinander aufs Feld vor die Stadt, schnupfen etwas aus meiner Dose und belauschen dann, was in der Luft und im Wasser, im Wald und Feld gesprochen wird! Da werden wir bestimmt unseren Spaß haben.«

Am nächsten Morgen steckte der Kalif die Dose mit dem Zauberpulver in den Gürtel und machte sich – ohne Gefolge – ganz allein mit dem Großwesir auf den Weg. Sie durchquerten die weiten Palastgärten und gingen dann hinaus an einen Teich. Dort beobachteten sie einen Storch, der ernsthaft auf und ab ging, um nach Fröschen zu suchen. Jetzt kam ein Zweiter angeflogen.

»Ich verwette meinen Bart, gnädigster Herr«, sagte der Großwesir, »dass die beiden gleich ein interessantes Gespräch miteinander führen werden. Wie wäre es, wenn wir Störche würden und ein bisschen zuhörten?«

»Gute Idee!«, antwortete der Kalif. »Also: Dreimal gen Osten geneigt und ›MUTABOR‹ gesagt, so werden wir Störche. Und auf die gleiche

Weise werde ich wieder Kalif und du Wesir. Aber wir dürfen um Himmels willen nicht lachen, sonst sind wir verloren!«

Der Kalif zog die Dose aus dem Gürtel, nahm eine gute Prise, bot sie dem Großwesir dar, der gleichfalls schnupfte, und dann riefen beide: »MUTABOR!«

Augenblicklich schrumpften ihre Beine ein und wurden dünn und rot, die schönen gelben Pantoffeln des Kalifen und seines Begleiters wurden Storchfüße, die Arme wurden zu Flügeln, der Hals fuhr aus den Achseln und wurde eine Elle lang, der Bart verschwand und den Körper bedeckten weiche Federn.

»Ihr habt einen hübschen Schnabel, Herr Großwesir«, sagte der Kalif. »Beim Bart des Propheten, so etwas habe ich in meinem Leben nicht gesehen.«

»Danke untertänigst«, erwiderte der Großwesir. »Wenn ich mir die Bemerkung erlauben darf, dann sehen Eure Hoheit als Storch beinahe noch hübscher aus als als Kalif. Aber kommt, jetzt wollen wir prüfen, ob wir wirklich Storchisch können!«

Mit majestätischen Schritten näherten sie sich den beiden anderen Störchen, um ihr Gespräch zu belauschen.

»Guten Morgen, Frau Langbein, so früh schon auf der Wiese?«, sagte der Neuankömmling.

»Schönen Dank, liebe Frau Klapperschnabel! Ich habe mir nur ein kleines Frühstück geholt. Darf ich Sie vielleicht zu einem Viertelchen Eidechse oder zu einem Froschschenkelchen einladen?«

»Danke sehr, habe heute gar keinen Appetit. Ich komme auch wegen etwas ganz anderem auf die Wiese. Ich soll heute vor den Gästen meines Vaters tanzen und da will ich heimlich ein wenig üben.« Und dann schritt die junge

Störchin in wunderlichen Bewegungen durch das Feld. Sie stellte sich auf einen Fuß und wedelte anmutig mit den Flügeln und führte einen Balletttanz vor.

Das sah so komisch aus, dass unaufhaltsames Gelächter aus den Schnäbeln der verwandelten Männer hervorbrach, von dem sie sich erst nach langer Zeit erholten.

Der Kalif fasste sich zuerst wieder: »Das war ein Spaß, der nicht mit Gold zu bezahlen ist. Schade, dass wir die beiden Damen durch unser Gelächter verscheucht haben, sonst hätten sie gewiss auch noch gesungen!«

»Oje!«, rief der Großwesir erschrocken, denn es fiel ihm ein, dass das Lachen während der Verwandlung verboten war. »Potz Mekka und Medina! Das wäre ein schlechter Spaß, wenn wir Störche bleiben müssten! Wie heißt bloß das dumme Wort? Ich bring es nicht heraus!«

»Dreimal gen Osten müssen wir uns bücken und ›MU-MU-MU …‹ sagen«, rief der Kalif. Sie stellten sich gegen Osten und bückten sich in einem fort, dass ihre Schnäbel auf die Erde schlugen. Dazu riefen sie aus Leibeskräften: »MU-MU-MU …«, aber jede Erinnerung an das richtige Verwandlungswort war verschwunden. Es sah so aus, als ob der arme Kalif und sein Wesir nun für immer Störche bleiben müssten.

Verzweifelt wanderten die Verzauberten durch die Felder. Was sollten sie jetzt tun? Aus ihren Storchenfedern konnten sie nicht heraus, in die Stadt zurück konnten sie auch nicht, denn wer hätte einem Storch geglaubt, dass er der Kalif sei, und wenn man es auch geglaubt hätte, würden die Einwohner von Bagdad einen Storch zum Kalif haben wollen?

So schlichen sie mehrere Tage umher und ernährten sich kümmerlich von Feldfrüchten, die sie aber wegen ihrer langen Schnäbel nicht gut verspeisen konnten. Auf Eidechsen und Frösche hatten sie übrigens keinen Appetit, denn sie befürchteten, mit solchen Leckerbissen sich den Magen zu verderben. Ihr einziges Vergnügen in dieser traurigen Lage war, dass sie fliegen konnten, und so flogen sie oft auf die Dächer von Bagdad, um zu sehen, was in der Stadt vorging.

In den ersten Tagen bemerkten sie große Unruhe und Trauer in den Straßen. Aber ungefähr am vierten Tag nach ihrer Verzauberung sahen sie unten in der Straße einen prächtigen Aufzug. Trommeln und Pfeifen ertönten, ein Mann in einem goldbestickten scharlachroten Mantel saß auf einem geschmückten Pferd, umgeben von glänzenden Dienern. Halb Bagdad lief hinter ihm her und alle schrien:

»Es lebe Mizra, der neue Herrscher von Bagdad!«

Die beiden Störche, die auf dem Dache des Palastes saßen, sahen einander an. »Ahnst du jetzt, warum ich verzaubert bin, Großwesir?«, sagte der Kalif. »Dieser Mizra ist der Sohn meines Todfeindes, des mächtigen Zauberers Kaschnur, der mir in einer bösen Stunde Rache schwur. Aber noch gebe ich die Hoffnung nicht auf – komm mit mir, du treuer Gefährte meines Elends, wir wollen zum Grabe des Propheten wandern, vielleicht dass an heiliger Stätte der Zauber gelöst wird.«

Sie erhoben sich vom Dach des Palastes und flogen in die Richtung der heiligen Stadt Medina. Mit dem Fliegen wollte es aber nicht so gut klappen, denn die beiden Störche hatten noch wenig Übung.

»Oh Herr«, ächzte der Großwesir nach ein paar Stunden. »Ich kann nicht mehr. Ihr fliegt so schnell! Es wird schon dunkel. Wir sollten eine Bleibe für die Nacht suchen!«

Sie entdeckten unter sich im Tal eine Ruine, die wie ein passendes Nachtquartier aussah. Das alte Gemäuer schien früher ein Schloss gewesen zu sein, denn es waren noch Säulen, Torbogen und einige gut erhaltene Gemächer zu erkennen.

Nach der Landung stelzten der Kalif und sein Begleiter durch die Gänge der Ruine, um nach einem Schlafplatz zu suchen.

Plötzlich blieb der Großwesir stehen und flüsterte: »Mein Herr und Gebieter, ich weiß, dass sich ein Großwesir vor Gespenstern nicht fürchtet. Noch weniger ein Storch. Aber mir ist ganz unheimlich zumute, denn hier neben mir hat jemand ganz vernehmlich geseufzt und gestöhnt.«

Der Kalif blieb stehen und lauschte. Jetzt hörte er ganz deutlich ein leises Weinen. Neugierig ging er in die Richtung, aus der die Klagetöne kamen. Der Wesir packte ihn mit dem Schnabel am Flügel und bat ihn flehentlich, sich nicht in neue, unbekannte Gefahren zu stürzen. Aber der Kalif, dem auch unter dem Storchenflügel ein tapferes Herz schlug, riss sich mit Verlust einiger Federn los und eilte in einen finsteren Gang. Er kam an eine Tür, die nur angelehnt schien und woraus er deutliche Seufzer mit ein wenig Geheul vernahm. Er stieß mit dem Schnabel die Tür auf, blieb aber überrascht auf der Schwelle stehen.

In dem verfallenen Gemach, das nur durch ein kleines Gitterfenster spärlich erleuchtet war, sah er eine große Nachteule am Boden sitzen. Dicke Tränen rollten aus den großen runden Augen.

Als sie den Kalifen und seinen Wesir erblickte, wischte sie sich mit dem Flügel die Tränen aus dem Gesicht und rief in gutem, menschlichem Arabisch: »Willkommen, liebe Störche! Ihr seid ein gutes Zeichen! Störche werden mir Glück bringen, so ist es mir einst prophezeit worden!«

Als sich der Kalif von seinem Erstaunen erholt hatte, beugte er seinen langen Hals und sagte: »Liebe Eule, deinen Worten nach darf ich glauben, eine Leidensgefährtin in dir zu sehen. Aber wie sollen wir dir helfen? Wir sind ja selbst hilflos. Hör doch zu, was mit uns geschehen ist!« Der Kalif berichtete der Eule von ihrem schrecklichen Abenteuer.

Und dann erzählte auch die Eule ihre unglaubliche Geschichte:

»Mein Vater ist der König von Indien und ich bin seine einzige unglückliche Tochter. Der Zauberer Kaschnur, der euch verzauberte, hat auch mich ins Unglück gestürzt. Er kam eines Tages zu meinem Vater und begehrte mich zur Frau für seinen Sohn Mizra. Mein Vater aber, der ein hitziger Mann ist, ließ ihn die Treppe hinunterwerfen. Der Elende schlich sich allerdings unter einer anderen Gestalt wieder in meine Nähe. Und als ich einst in meinem Garten Erfrischungen zu mir nehmen wollte, brachte er mir, als Sklave verkleidet, einen Trank, der mich in diese abscheuliche Gestalt verwandelte. Er brachte mich hierher und rief:

›Da sollst du bleiben bis an dein Ende oder bis einer aus freiem Willen dich, selbst in dieser schrecklichen Gestalt, zur Gattin begehrt. So räche ich mich an dir und deinem stolzen Vater.‹

Seitdem sind viele Monate verflossen. Einsam und traurig lebe ich in diesem Gemäuer. Die schöne Natur ist vor mir verschlossen, denn ich bin am Tage blind, und nur im Mondlicht kann ich etwas sehen.«

»Zwischen unserem Unglück besteht ein geheimer Zusammenhang. Da bin ich sicher. Aber wo finde ich den Schlüssel zu diesem Rätsel?«, sagte der Kalif nachdenklich.

»Oh Herr! Auch ich glaube an einen geheimen Zusammenhang, denn es ist mir in meiner frühesten Jugend von einer weisen Frau prophezeit worden, dass ein Storch mir großes Glück bringen wird. Ich wüsste vielleicht auch, wie wir uns retten und unser Unglück beenden könnten.«

»Und wie?«, erkundigte sich der Kalif überrascht.

»Der Zauberer kommt alle Monate einmal in diese Ruinen. Nicht weit von hier ist ein Saal. Dort pflegt er dann mit vielen Genossen zu schmausen. Schon oft habe ich sie dort belauscht. Sie prahlen dann mit ihren schändlichen Taten. Könnte doch sein, dass er diesmal eure Geschichte erzählt und dabei das Zauberwort ausspricht?«

»Oh, teuerste Prinzessin«, rief der Kalif, »wann kommt er und wo ist der Saal?«

Die Eule schwieg einen Augenblick und sprach dann: »Seid mir nicht böse, aber ich kann euch das nur unter einer Bedingung verraten …«

»Sprich sie aus! Sprich sie aus!«, drängte der Kalif. »Ich werde dir jeden Wunsch erfüllen!«

»Ich möchte mit euch erlöst werden. Und das geht nur, wenn mir einer von euch seine Hand reicht und mich zur Frau nimmt.«

Die beiden Störche schienen über den Antrag etwas betroffen zu sein. Der Kalif winkte seinem Diener, ein wenig mit ihm hinauszugehen.

»Großwesir, das ist ein dummer Handel; aber Ihr könntet sie schon nehmen«, sagte der Kalif.

»Damit mir meine Frau, wenn ich nach Hause komme, die Augen auskratzt? Außerdem bin ich ein alter Mann und Ihr seid noch jung und unverheiratet und könntet eher einer jungen, schönen Prinzessin die Hand geben«, sagte der Großwesir.

»Das ist es eben«, seufzte der Kalif und ließ traurig die Flügel hängen, »wer sagt uns denn, dass sie jung und schön ist? Das heißt eine Katze im Sack kaufen!«

Sie redeten noch eine Weile, aber als der Kalif erkannte, dass sein Wesir lieber Storch bleiben als eine Eule heiraten wollte, entschloss er sich, die Bedingung lieber selbst zu erfüllen.

Die Eule war hocherfreut. Sie gestand ihnen, dass sie zu keiner besseren Zeit hätten kommen können, weil sich die Zauberer wahrscheinlich noch in dieser Nacht versammeln würden.

Um Mitternacht führte sie die Störche in einen finstern Gang, bis zu einer Mauerlücke, durch die man in einen hell erleuchteten Saal sehen konnte. Er war ringsum mit Säulen geschmückt, an denen Laternen mit bunten Glasfenstern hingen.

In der Mitte des Saales stand ein niederer Tisch mit ausgesuchten Speisen. Rings um den Tisch lagen Polster, auf denen acht Männer saßen. In einem dieser Männer erkannten die Störche jenen Krämer wieder, der ihnen das Zauberpulver verkauft hatte. Sein Nebenmann forderte ihn gerade auf, von seinen neuesten Taten zu berichten. Er erzählte lange und ausführlich und am Ende auch die Geschichte des Kalifen und seines Wesirs, die auf den Trick mit dem Zauberwort hereingefallen waren.

»Was für ein Wort hast du ihnen denn aufgegeben?«, fragte ihn ein anderer Zauberer. »Ein recht schweres lateinisches. Es heißt ›MUTABOR‹«, antwortete der falsche Krämer.

Als die Störche an der Mauerlücke das hörten, waren sie vor Freuden außer sich. Sie liefen auf ihren langen Füßen so schnell davon, dass die Eule kaum folgen konnte.

Vor der Ruine sagte der Kalif gerührt zu der Eule: »Retterin meines Lebens und des Lebens meines Freundes, nimm zum ewigen Dank für das, was du an uns getan hast, mich zum Gemahl an!«

Dann wandte er sich nach Osten. Dreimal neigten die Störche ihre langen Hälse der Sonne entgegen, die soeben hinter dem Gebirge heraufstieg.

»MUTABOR« riefen der Kalif und sein Großwesir. Im Nu waren sie verwandelt und Herr und Diener lagen sich lachend und weinend in den Armen.

Wer beschreibt aber ihr Erstaunen, als sie sich umsahen? Eine Dame in prächtiger Kleidung stand vor ihnen.

Lächelnd gab sie dem Kalifen die Hand und sagte: »Erkennt Ihr Eure Nachteule nicht mehr?«

Der Kalif war von ihrer Schönheit und Anmut entzückt. Sie beschlossen, so schnell wie möglich nach Bagdad zurückzureisen. Der Kalif fand in seinen Kleidern nicht nur die Dose mit Zauberpulver, sondern auch seinen Geldbeutel wieder. Er kaufte daher im nächsten Dorfe, was zu ihrer Reise nötig war.

Als sie in Bagdad ankamen, erregte die Ankunft des Kalifen großes Erstaunen. Sein Nachfolger hatte ihn für tot erklären lassen. Das Volk war daher hocherfreut, seinen geliebten Herrscher wiederzuhaben. Als die

Leute erfuhren, dass Mizra durch Zauberei und Betrug an die Macht gekommen war, zogen sie zum Palast und nahmen den alten Zauberer und seinen Sohn gefangen. Den Alten sperrte der Kalif in dasselbe Gemach der Ruine, das die Prinzessin als Eule bewohnt hatte. Dem Sohn aber, welcher nichts von den Künsten des Vaters verstand, ließ der Kalif die Wahl, ob er sterben oder von dem Zauberpulver schnupfen wolle. Als er das Letztere wählte, bot ihm der Großwesir die Dose. Eine tüchtige Prise und das Zauberwort des Kalifen verwandelten ihn in einen Storch. Der Kalif ließ ihn in einen eisernen Käfig sperren und als Sehenswürdigkeit im Palastgarten aufstellen.

Der Kalif lebte noch lange und vergnügt mit seiner Frau, der Prinzessin, und die vergnügtesten Stunden waren immer die, wenn ihn der Großwesir nachmittags besuchte. Da sprachen sie dann oft von ihrem Storchabenteuer, und wenn der Kalif recht heiter war, ließ er sich herab, den Großwesir nachzuahmen, wie er als Storch aussah. Er stieg dann ernsthaft, mit steifen Füßen im Zimmer auf und ab, klapperte, wedelte mit den Armen wie mit Flügeln und zeigte, wie jener sich vergeblich nach Osten geneigt und »MU-MU-MU …« dazu gerufen hatte. Für die Frau Kalifin und ihre Kinder war diese Vorstellung allemal eine große Freude. Wenn aber der Kalif gar zu lange klapperte und nickte und »MU-MU-MU …« schrie, dann lächelte der Wesir und drohte dem Kalifen, er würde das, was vor der Tür der Prinzessin Nachteule verhandelt worden sei, der Frau Kalifin mitteilen.

Die Prinzessin auf der Erbse

Es war einmal ein Prinz, der reiste in der ganzen Welt herum, um eine echte Prinzessin zu finden. Prinzessinnen gab es genug, aber immer war da etwas, was nicht ganz stimmte. Enttäuscht kam er jedes Mal wieder nach Hause.

Eines Abends zog über dem Schloss ein furchtbares Gewitter auf. Es blitzte und donnerte, der Regen stürzte herab und es war ganz entsetzlich.

Da klopfte es am Schlosstor. Die Wache öffnete.

Eine junge Frau stand vor der Tür und bat um Einlass. Sie sah erbärmlich aus. Das Wasser lief ihr von den Haaren und Kleidern herab, lief in die Schnäbel der Schuhe hinein und zum Absatz wieder hinaus. Aber sie behauptete, dass sie eine echte Prinzessin sei.

»Nun, das werden wir schon herausfinden!«, murmelte die alte Königin. Sie sagte nichts weiter, sondern ging in die Schlafkammer, in der die Prinzessin übernachten sollte. Sie rief die Diener, ließ sie alles Bettzeug herausnehmen und legte eine Erbse auf den Boden des Himmelbetts. Dann ließ sie zwanzig Matratzen auf die Erbse legen und packte noch zwanzig Eiderdaunendecken obendrauf.

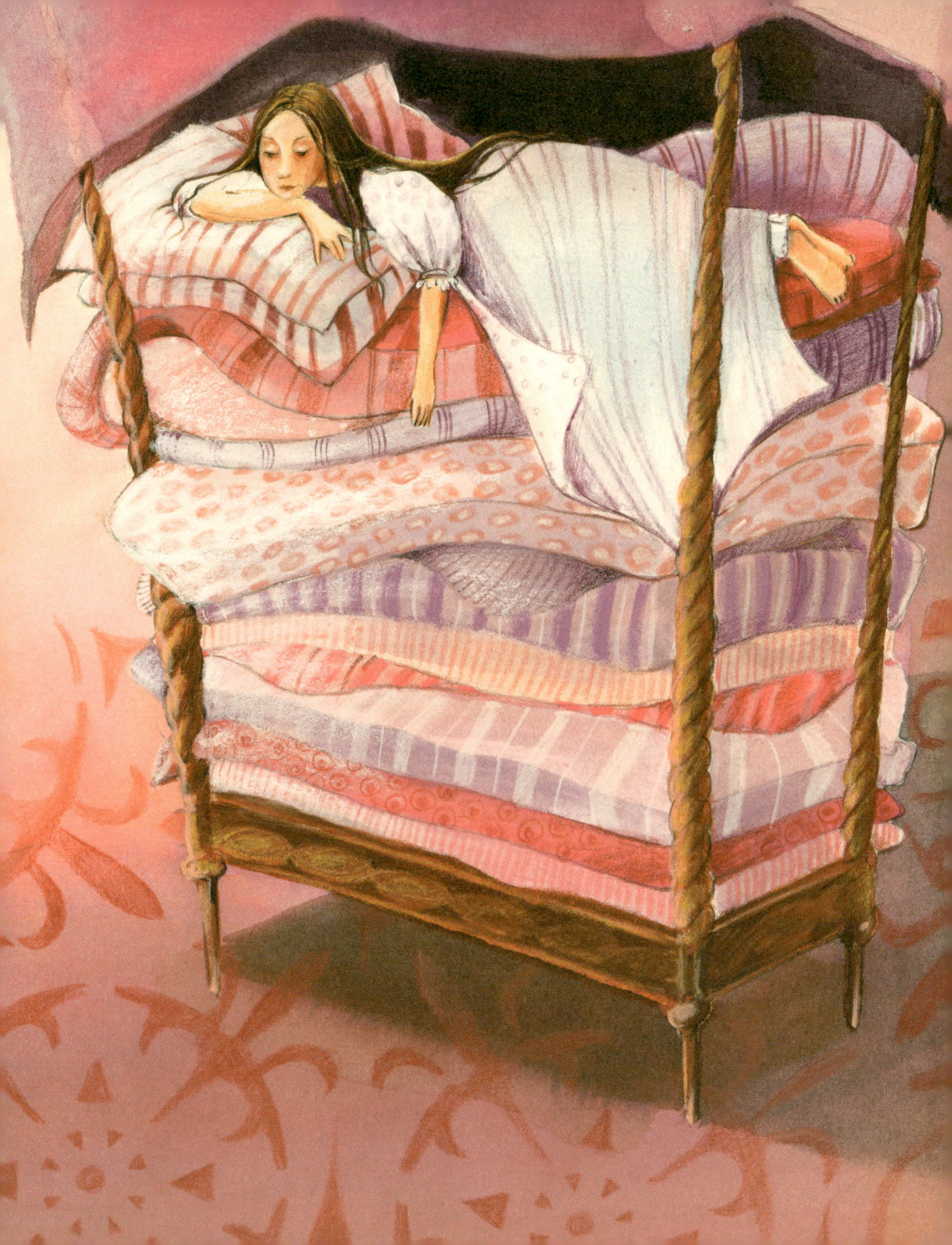

Als die Prinzessin am nächsten Morgen hübsch gekämmt und mit trockenen, frisch gebügelten Kleidern zum Frühstück kam, fragte die Königin neugierig: »Nun, wie hast du geschlafen, mein Kind?«

»Oh, entsetzlich schlecht!«, klagte die Prinzessin. »Ich habe fast die ganze Nacht kein Auge zugetan! Ich habe auf etwas Hartem gelegen, sodass ich am ganzen Körper braun und blau bin!«

»So empfindsam kann nur eine echte Prinzessin sein«, sagte die Königin zu ihrem Sohn und lächelte zufrieden. »Sie hat eine Erbse durch zwanzig Matratzen und zwanzig Eiderdaunendecken hindurch gespürt!«

Da nahm sie der Prinz zur Frau, denn nun wusste er, dass er eine wirkliche Prinzessin gefunden hatte. Und die Erbse wurde auf ein rotes Samtkissen gelegt und kam in das Schloss-Museum. Wenn sie niemand gestohlen hat, ist sie heute noch dort zu sehen.

Hans im Glück

Es war einmal ein Bauernjunge, der hieß Hans. Er hatte auf einem großen Gut sieben Jahre gedient und sagte zu seinem Herrn: »Meine Zeit ist um, ich möchte gern wieder heim zu meiner Mutter. Bitte gebt mir meinen Lohn.«

»Du hast mir treu und ehrlich gedient, lieber Hans. Und wie der Dienst war, so soll der Lohn sein«, sagte sein Dienstherr und gab ihm ein Stück Gold, das so groß wie Hansens Kopf war.

Hans zog sein Schnupftuch aus der Tasche, wickelte den Klumpen hinein, setzte ihn auf die Schulter und machte sich auf den Weg nach Hause. Es war heiß und er schwitzte, denn der Goldklumpen war schwer.

Als er eine Weile gelaufen war, begegnete ihm ein Reiter, der frisch und fröhlich auf einem munteren Pferd vorbeitrabte.

»Ein Pferd müsste man haben!«, seufzte Hans.

»Womit schleppst du dich denn da ab?«, erkundigte sich der Reiter neugierig und hielt sein Pferd an.

»Es ist zwar ein Klumpen Gold. Aber er drückt auf den Schultern und ich kann den Kopf nicht gerade halten«, klagte Hans.

»Weißt du was«, sagte der Reiter, »lass uns tauschen. Ich geb dir mein Pferd und du gibst mir deinen Klumpen.«

»Von Herzen gern«, sagte Hans. »Aber ich sag dir, du musst dich damit ganz schön abschleppen.«

Der Reiter stieg ab, nahm das Gold und half dem Hans aufs Pferd. Er gab ihm die Zügel fest in die Hände und sagte: »Wenn dir das Pferd zu langsam ist, so musst du mit der Zunge schnalzen und ›hopphopp‹ rufen.«

Hans war heilfroh, als er auf dem Pferd saß. Nach einer Weile fand er, dass es ein wenig schneller gehen sollte. Er schnalzte mit der Zunge und rief: »Hopphopp«. Das Pferd machte einen Satz nach vorn und trabte los. Der gute Hans aber flog in hohem Bogen in den Graben, der die Äcker von der Landstraße trennte.

Hans suchte seine Glieder zusammen und krabbelte aus dem Graben. Zum Glück kam gerade ein Bauer mit seiner Kuh vom Markt. Er fing das Pferd wieder ein.

Hans bedankte sich und sagte: »Reiten ist ein schlechter Spaß. Ich hätte mir den Hals brechen können! Da lob ich mir deine friedliche Kuh. Hinter der kann man in aller Ruhe herlaufen und hat obendrein jeden Tag Milch, Butter und Käse. Was gäb ich darum, wenn ich so eine Kuh hätte.«

»Das lässt sich machen«, sagte der Bauer. »Wenn ich dir damit einen Gefallen tue, will ich gern meine Kuh gegen dein Pferd tauschen.«

Hans rieb seine blauen Flecken und willigte mit tausend Freuden ein. Der Bauer aber schwang sich aufs Pferd und ritt eilig davon.

Hans trieb seine Kuh ruhig vor sich her und freute sich über den glücklichen Handel. Als er zu einem Wirtshaus kam, ließ er sich für seine letzten paar Heller ein halbes Glas Bier einschenken. Dann zog er weiter. Die Hitze wurde gegen Mittag immer drückender. Hans klebte vor Durst schon die Zunge am Gaumen.

»Jetzt werd ich meine Kuh melken und frische Milch trinken«, überlegte der Hans.

Er band die Kuh an einen dürren Baum, und weil er keinen Eimer hatte, stellte er seine Ledermütze darunter. Aber sosehr er sich auch plagte, es kam kein Tropfen Milch zum Vorschein. Und weil er sich beim Melken so ungeschickt anstellte, gab ihm das ungeduldige Tier mit einem der Hinterfüße einen solchen Schlag vor den Kopf, dass er zu Boden fiel.

Glücklicherweise kam gerade ein Metzger des Weges, der auf einem Schubkarren ein junges Schwein liegen hatte.

»Was ist denn mit dir passiert!«, rief der Metzger und half dem guten Hans wieder auf die Beine. Hans erzählte, was vorgefallen war.

Der Metzger gab ihm seine Wasserflasche und sagte: »Trink einen Schluck und erhol dich von dem Schreck. Diese Kuh wird wohl keine Milch mehr geben. Es ist ein uraltes Tier. Die taugt höchstens noch zum Karrenziehen oder zum Schlachten.«

»Ich mache mir aus dem Kuhfleisch nicht viel, es ist mir nicht saftig genug. Ja, wer so ein junges Schwein hätte! Das schmeckt anders, dabei noch die Würste!«, überlegte der Hans.

»Na gut«, brummte der Metzger, »Euch zuliebe will ich tauschen und Euch das Schwein für die Kuh lassen.«

Hans bedankte sich und übergab ihm die Kuh. Der Metzger hob das Schwein vom Karren und gab Hans den Strick in die Hand, damit es nicht weglaufen konnte.

Hans zog weiter. Er war hochzufrieden. Immer wenn ein Problem auftauchte, dann fand sich eine Lösung dafür.

Unterwegs schloss sich ihm ein Wanderbursche an, der eine schöne weiße Gans unter dem Arm trug. Hans berichtete ihm von seinem Glück und wie er immer so vorteilhaft getauscht hätte.

Der Wanderbursche erzählte ihm, dass er die Gans zu einem Tauffest bringen sollte.

»Ein Prachtstück, diese Gans! Sie ist acht Wochen lang genudelt worden. Da ist ordentlich Fleisch unter den Federn. Wer in den Braten beißt, muss sich das Fett von beiden Seiten abwischen.«

»Die Gans ist wirklich gut«, sagte Hans, nachdem er sie befühlt hatte. »Aber mein Schwein ist auch nicht von schlechten Eltern!«

»Aber gefährlich!«, sagte der Wanderbursche und sah sich nach allen Seiten ganz vorsichtig um.

»Wie meinst du das?«, erkundigte sich Hans.

»In dem Dorf, durch das ich gerade gekommen bin, ist eben dem Bürgermeister ein Schwein aus dem Stall gestohlen worden. Jetzt sucht man es überall. Ich fürchte, du hast es da am Strick. Wenn sie dich mit dem Schwein erwischen, stecken sie dich ins Gefängnis.«

Dem guten Hans rutschte das Herz in die Hosentasche, und er sagte: »Helft mir, um Himmels willen. Ihr kennt euch hier besser aus. Nehmt mein Schwein und lasst mir Eure Gans.«

»Na gut, ich will nicht an deinem Unglück schuld sein!«, seufzte der Wanderbursche und setzte Hans seine Gans auf den Arm.

Dann nahm er das Seil und trieb das Schwein schnell über einen Feldweg fort. Vergnügt zog Hans weiter. Er war wieder einmal alle Sorgen los. Nun wanderte er mit der Gans unter dem Arm der Heimat zu und träumte schon von einem leckeren Gänsebraten, den seine Mutter so gut zubereiten konnte. Und aus den Federn wollte er sich ein schönes Kopfkissen machen.

Am Dorfeingang stand ein Scherenschleifer mit seinem Karren. Das Rad seines Schleifsteins schnurrte, und er sang dazu:

> *Ich schleife die Schere und drehe geschwind*
> *und hänge mein Mäntelchen nach dem Wind.*

Hans blieb stehen und sah ihm zu und sagte:

»Du bist so lustig und gut gelaunt. Macht das Scherenschleifen solchen Spaß?«

Der Scherenschleifer lachte.

»Ja, denn das Handwerk hat goldenen Boden. Ein rechter Schleifer ist ein Mann, der, sooft er in die Tasche greift, auch Geld darin findet. Aber wo hast du die schöne Gans gekauft?«

»Die hab ich nicht gekauft, sondern für ein Schwein eingetauscht.«

»Und das Schwein?«

»Das hab ich für eine Kuh gekriegt.«

»Und die Kuh?«

»Die hab ich für ein Pferd bekommen.«

»Und das Pferd?«

»Dafür hab ich einen Klumpen Gold, so groß wie mein Kopf, gegeben.«

»Und das Gold?«

»Ei, das war mein Lohn für sieben Jahre Dienst.«

»Das hast du großartig gemacht. Jetzt fehlt dir nur noch ein bisschen Geld in der Tasche. Du solltest Scherenschleifer werden.«

»Wie soll ich das anfangen?«

»Dazu gehört eigentlich nichts als ein Schleifstein. Das andere findet sich schon von selbst. Da hab ich einen, der ist zwar ein wenig schadhaft, dafür sollst du mir aber auch weiter nichts als deine Gans geben. Willst du das?«

»Wie kannst du noch fragen!«, antwortete Hans. Wenn ich immer Geld in der Tasche habe, hab ich keine Sorgen mehr.«

So tauschte er die Gans gegen den Schleifstein ein.

Kaum wünsch ich mir etwas, geht es in Erfüllung!, dachte Hans zufrieden.

Vergnügt ging er weiter. Seine Augen leuchteten vor Freude, und er fand, dass er der glücklichste Mensch der Welt sei.

Aber ein bisschen schwer fand er den Stein mit der Zeit auch. Als er an einen Feldbrunnen kam, legte er den Stein neben sich auf den Brunnenrand und wollte trinken. Dabei stieß er an den Stein und er fiel in den Brunnen hinunter.

Nun, so bin ich den schweren Stein auch los, dachte der Hans. Jetzt belastet mich gar nichts mehr. Ich bin der glücklichste Mensch unter der Sonne. Ein Hans im Glück!

Mit leichtem Herzen und frei von aller Last, lief er vergnügt weiter, bis er endlich daheim bei seiner Mutter ankam.

Schneewittchen

Es war einmal mitten im Winter und die Schneeflocken fielen wie Federn vom Himmel herab. Da saß eine Königin an einem Fenster, das einen Rahmen von schwarzem Ebenholz hatte, und nähte. Und wie sie so nähte und nach dem Schnee draußen sah, stach sie sich mit der Nadel in den Finger, und es fielen drei Tropfen Blut in den Schnee. Und weil das Rote im weißen Schnee so schön aussah, dachte sie bei sich:

Hätt ich ein Kind, so weiß wie Schnee, so rot wie Blut und so schwarz wie das Ebenholz am Fensterrahmen!

Bald darauf bekam sie eine kleine Tochter, die hatte Haare, so dunkel wie Ebenholz, frische rote Wangen und eine zarte Haut, so weiß wie Schnee. Daher wurde sie von allen Schneewittchen genannt. Bald darauf starb die Königin, und nachdem ein Jahr um war, nahm sich der König eine andere Frau. Die war zwar schön, aber sie war stolz und hochmütig und konnte nicht leiden, dass sie jemand an Schönheit übertraf. Sie besaß einen Zauberspiegel. Den befragte die eitle Königin oft:

Spieglein, Spieglein an der Wand,
wer ist die Schönste im ganzen Land?

Dann antwortete der Spiegel:

Frau Königin, Ihr seid die Schönste im Land.

Dann war sie zufrieden, denn sie wusste, dass der Spiegel die Wahrheit sagte.

Schneewittchen aber wuchs heran und wurde immer schöner. Als es sieben Jahre alt war, war es so schön wie der klare Tag und noch schöner als die Königin!

Als die Königin wieder einmal ihren Zauberspiegel befragte, antwortete der wahrheitsgemäß:

> *Frau Königin, Ihr seid die Schönste hier,*
> *aber Schneewittchen ist tausendmal schöner als Ihr.*

Da wurde die Königin gelb und grün vor Neid, und sie begann, Schneewittchen zu hassen. Der Hass wuchs in ihrem Herzen von Tag zu Tag.

Eines Morgens rief sie den Jäger und sagte: »Bring das Kind hinaus in den Wald, ich will's nicht mehr vor meinen Augen sehen. Du sollst es töten und mir als Beweis Lunge und Leber mitbringen.«

Der Jäger gehorchte und führte Schneewittchen hinaus in den Wald. Aber er brachte es nicht übers Herz, dem Kind etwas anzutun.

»Lauf weg, so schnell du kannst und so weit du kannst!«, sagte der Jäger und erzählte Schneewittchen von dem schlimmen Plan ihrer Stiefmutter. Und weil gerade ein junger Frischling dahergesprungen kam, erlegte er ihn, nahm Lunge und Leber heraus und brachte sie der Königin mit, damit sie glaube, dass er ihren Befehl ausgeführt habe.

Das arme Schneewittchen rannte durch den dunklen Wald, bis es fast nicht mehr laufen konnte. Als es dunkel wurde, bekam es Angst. Wo sollte es bloß in der Nacht bleiben? Endlich entdeckte es in der Ferne ein kleines Häuschen.

Es klopfte. Aber niemand machte auf. Die Tür war nicht abgeschlossen. So schlüpfte es durch die winzige Tür hinein.

Da sah sie einen kleinen weiß gedeckten Tisch mit sieben kleinen Tellern, sieben Löffelchen, Messerchen, Gäbelchen und Bechern. An der Wand waren sieben Bettchen nebeneinander aufgestellt.

Schneewittchen war hungrig und durstig. Deshalb aß es von jedem Teller ein bisschen Gemüse und Brot und trank einen Schluck aus jedem Becher, denn es wollte nicht einem alles wegnehmen. Und weil es so müde war, legte es sich in ein Bettchen.

Als es ganz dunkel geworden war, kamen die Hausbesitzer von der Arbeit zurück. Es waren sieben Zwerge, die den Tag über im Bergwerk nach Erz gegraben hatten. Als sie mit ihren sieben Laternen ins Haus kamen und sich umsahen, bemerkten sie, dass etwas nicht stimmte.

Der Erste sagte: »Wer hat auf meinem Stühlchen gesessen?«

Der Zweite: »Wer hat von meinem Tellerchen gegessen?«

Der Dritte: »Wer hat von meinem Brötchen genommen?«

Der Vierte: »Wer hat von meinem Gemüschen gegessen?«

Der Fünfte: »Wer hat mit meinem Gäbelchen gestochen?«

Der Sechste: »Wer hat mit meinem Messerchen geschnitten?«

Der Siebente: »Wer hat aus meinem Becherlein getrunken?«

»Kommt schnell und seht!«, rief der Erste. »Da liegt jemand in meinem Bettchen!«

Er deutete auf das schlafende Kind. Alle kamen herbeigerannt und beleuchteten Schneewittchen mit ihren Laternen.

»Ei, du mein Gott! Ei, du mein Gott!«, riefen sie. »Was ist das Kind so schön!«

Und sie hatten so große Freude, dass sie es nicht aufweckten, sondern weiterschlafen ließen.

Als es Morgen war, erwachte Schneewittchen, und wie es die sieben Zwerge sah, erschrak es.

Sie waren aber freundlich und fragten: »Wie heißt du?«

»Ich heiße Schneewittchen«, antwortete es.

»Und wie bist du in unser Haus gekommen?«

Schneewittchen erzählte von den bösen Plänen der Stiefmutter, und dass es den ganzen Tag voller Angst um sein Leben gerannt war, bis es endlich ihr Häuschen gefunden hätte.

Die Zwerge berieten sich eine Weile und sagten dann: »Willst du unsern Haushalt versehen, kochen, waschen, nähen und stricken, und willst du alles ordentlich und reinlich halten, so kannst du bei uns bleiben, und es soll dir an nichts fehlen.«

»Ja«, sagte Schneewittchen, »das mach ich von Herzen gern, wenn ich bei euch bleiben darf!«

Von da an gingen die Zwerge morgens zur Arbeit ins Bergwerk. Abends, wenn sie wiederkamen, stand ihr Essen bereit. Schneewittchen fühlte sich sicher und geborgen. Und so waren alle zufrieden.

Aber weil Schneewittchen den ganzen Tag über allein war, sorgten sich die Zwerge und warnten es immer wieder: »Hüte dich vor deiner Stiefmutter, die wird bald wissen, dass du hier bist. Lass bloß niemanden ins Haus!«

Ein paar Jahre ging alles gut. Die böse Königin dachte, Schneewittchen sei tot und sie wäre wieder die Allerschönste im Land. Trotzdem befragte sie eines Morgens wieder ihren Zauberspiegel:

Spieglein, Spieglein an der Wand,
wer ist die Schönste im ganzen Land?

Da antwortete der Spiegel:

Frau Königin, Ihr seid die Schönste hier,
aber Schneewittchen über den Bergen
bei den sieben Zwergen
ist noch tausendmal schöner als Ihr.

Da erschrak die Königin. Sie vertraute ihrem Zauberspiegel und erkannte, dass der Jäger sie betrogen hatte und dass Schneewittchen noch am Leben war.

Der Neid ließ ihr keine Ruhe und sie schmiedete neue Pläne. Diesmal wollte sie sich persönlich um die Sache kümmern! Als alte Krämerin verkleidet, wanderte sie über die sieben Berge zu den sieben Zwergen.

Nachdem sie das Zwergenhaus gefunden hatte, klopfte sie an die Tür und rief: »Schöne Ware zu verkaufen. Schnürriemen und Bänder in allen Farben. Schön und preiswert!«

Schneewittchen sah aus dem Küchenfenster.

Die ehrliche Krämersfrau kann ich hereinlassen, dachte sie. Und Schnürriemen für ihr Mieder brauchte sie dringend. So etwas gab es im Zwergenhaus nicht. Sie riegelte die Tür auf und suchte sich einen passenden Schnürriemen aus.

»Kind«, sprach die Alte, »wie du aussiehst! Komm, ich will dich einmal ordentlich schnüren.«

Schneewittchen ließ sich mit dem neuen Schnürriemen das Mieder schnüren. Aber die Alte schnürte geschwind und schnürte so fest, dass dem Schneewittchen die Luft wegblieb und es wie tot hinfiel.

»Nun bist du die Schönste gewesen«, rief die böse Königin triumphierend und eilte hinaus.

Die Zwerge erschraken zu Tode, als sie abends nach Hause kamen und ihr Schneewittchen leblos auf dem Küchenboden vorfanden. Sie bemerkten, dass es zu fest geschnürt war und schnitten den Schnürriemen durch. Da kehrte die Farbe in Schneewittchens Gesicht zurück und es kam wieder zur Besinnung.

Als die Zwerge hörten, was geschehen war, sagten sie: »Die alte Krämerfrau war bestimmt niemand anders als die böse Königin. Hüte dich, und lass keinen Menschen herein, wenn wir nicht bei dir sind!«

Die böse Königin aber befragte gleich nach ihrer Rückkehr den Zauberspiegel:

Spieglein, Spieglein an der Wand,
wer ist die Schönste im ganzen Land?

Der Spiegel antwortete wie vorher:

Frau Königin, Ihr seid die Schönste hier,
aber Schneewittchen über den Bergen
bei den sieben Zwergen
ist noch tausendmal schöner als Ihr.

Als sie das hörte, lief sie rot an vor Wut, weil ihr Plan missglückt war. Das Kind hatte den bösen Anschlag also überlebt! Schon brütete sie einen neuen Plan aus.

Mit Hexenkünsten, auf die sie sich gut verstand, vergiftete sie einen Kamm. Dann verkleidete sie sich wieder und ging hin über die sieben Berge zu den sieben Zwergen.

Als sie wieder an die Tür klopfte, rief Schneewittchen: »Geht nur weiter, ich darf niemanden hereinlassen!«

»Ich will doch gar nicht hinein. Aber das Ansehen wird dir doch erlaubt sein«, kicherte die Alte. Sie zog den vergifteten Kamm heraus und hielt ihn in die Höhe.

Der Kamm gefiel Schneewittchen so gut, dass es die obere Hälfte der Tür öffnete.

»Komm näher. Ich zeig dir, wie man den Kamm ins Haar steckt!«, sagte die Alte freundlich. Aber kaum hatte der Kamm die Kopfhaut berührt, wirkte auch schon das Gift. Vor Schneewittchens Augen drehte sich alles und dann verlor es die Besinnung.

»Du Ausbund von Schönheit«, rief das boshafte Weib gehässig. »Jetzt ist's für immer um dich geschehen.«

Dann ging sie schnell davon.

Als die Zwerge Schneewittchen wie tot auf der Erde liegen sahen, hatten sie gleich die böse Königin in Verdacht. Sie entdeckten den giftigen Kamm. Und kaum hatten sie ihn herausgezogen, so kam Schneewittchen wieder zu sich und erzählte, was geschehen war. Da warnten sie es noch einmal eindringlich und flehten es an, niemandem die Tür zu öffnen.

Als die Königin in das Schloss zurückgekehrt war, befragte sie wieder ihren Zauberspiegel.

Spieglein, Spieglein an der Wand,
wer ist die Schönste im ganzen Land?

Der Spiegel antwortete:

Frau Königin, Ihr seid die Schönste hier,
aber Schneewittchen über den Bergen
bei den sieben Zwergen
ist noch tausendmal schöner als Ihr.

Als die Königin das hörte, zitterte und bebte sie vor Zorn.

»Schneewittchen soll sterben«, rief sie, »und wenn es mein eigenes Leben kostet!«

Darauf ging sie in eine verborgene Kammer und präparierte einen giftigen Apfel. Äußerlich sah er schön aus, gelb mit roten Backen, aber wer ein Stückchen davon aß, der musste sterben.

Als der Apfel fertig war, färbte sie sich das Gesicht und verkleidete sich als bucklige Bauersfrau und wanderte wieder über die sieben Berge zu den sieben Zwergen.

Sie klopfte am Zwergenhaus.

Schneewittchen sah aus dem Fenster und sagte: »Ich darf keinen Menschen einlassen, die sieben Zwerge haben mir's verboten!«

»Mir auch recht«, antwortete die Bäuerin, »meine Äpfel will ich schon anderswo loswerden. Da, aber einen will ich dir schenken.«

»Nein«, sprach Schneewittchen, »ich darf nichts annehmen!«

»Fürchtest du dich etwa vor Gift?«, kicherte die Alte. »Sieh doch, ich schneide den Apfel in zwei Teile. Die eine Seite isst du, die andere ich. Würde ich mich selbst vergiften?«

Schneewittchen sah den schönen, saftigen Apfel an und konnte nicht länger widerstehen, sie streckte die Hand hinaus und nahm den Apfel.

Sie ahnte nicht, dass die listige Alte nur die rotbackige Hälfte vergiftet hatte. Kaum aber hatte es einen Bissen des Apfels im Mund, fiel es tot zur Erde nieder.

Die Königin lachte böse und sagte: »Weiß wie Schnee, rot wie Blut, schwarz wie Ebenholz! Diesmal können dich die Zwerge nicht wieder erwecken.«

Und dann eilte sie davon.

Als die Königin zu Hause ihren Zauberspiegel befragte, antwortete der endlich zu ihrer Zufriedenheit:

Frau Königin, Ihr seid die Schönste im Land.

Die sieben Zwerge waren verzweifelt, als sie bei ihrer Rückkehr am Abend ihr liebes Schneewittchen leblos vorfanden. Sie hoben es auf, suchten, ob sie was Giftiges fänden, schnürten es auf, kämmten ihm die Haare, wuschen es mit Wasser und Wein. Aber es half alles nichts: Schneewittchen war tot und blieb tot.

Sie legten es auf eine Bahre und setzten sich alle sieben daneben und beweinten es drei Tage lang. Dann wollten sie es begraben. Aber es sah noch so frisch und lebendig aus und hatte noch seine schönen, roten Wangen. Da brachten sie es nicht fertig, das schöne Kind in die schwarze Erde zu versenken. Deshalb ließen sie einen gläsernen Sarg anfertigen, damit man Schneewittchen von allen Seiten sehen konnte. Sie schrieben mit goldenen Buchstaben seinen Namen darauf und dass es eine Königstochter wäre. Dann trugen sie den Sarg hinaus auf den Berg. Einer von ihnen blieb immer daneben sitzen und bewachte ihn. Es geschah aber, dass ein Königssohn in den Zwergen-Wald geriet. Er sah auf dem Berg den Sarg und das schöne Schneewittchen darin und las, was mit goldenen Buchstaben daraufgeschrieben war. Er verliebte sich in Schneewittchen und wollte gar nicht mehr weggehen.

»Lasst mir den Sarg, ich will euch geben, was ihr dafür haben wollt«, sagte er schließlich zu den Zwergen.

»Wir geben ihn nicht für alles Gold in der Welt her«, antworteten die Zwerge.

»So schenkt ihn mir, denn ich kann nicht leben, ohne Schneewittchen zu sehen. Ich will es ehren und hoch achten wie mein Liebstes«, sagte der Prinz.

Da hatten die Zwerge Mitleid mit ihm und gaben ihm den Sarg. Der Königssohn ließ ihn von seinen Dienern auf den Schultern forttragen. Einer der Träger geriet ins Stolpern und von der Erschütterung rutschte das giftige Apfelstück aus der Kehle. Schneewittchen kam zu sich und öffnete die Augen.

»Ach Gott, wo bin ich?«, rief es.

Der Königssohn war überglücklich und rief: »Du bist bei mir. Ich habe dich lieber als alles auf der Welt. Komm mit mir in meines Vaters Schloss, du sollst meine Gemahlin werden.«

Zum Hochzeitsfest wurde auch Schneewittchens Stiefmutter eingeladen. Nachdem sie ihre schönsten Kleider für das Fest im Nachbarkönigreich angezogen hatte, trat sie vor den Spiegel und sprach:

Spieglein, Spieglein an der Wand,
wer ist die Schönste im ganzen Land?

Der Spiegel antwortete:

Frau Königin, Ihr seid die Schönste hier,
aber die junge Königin
ist noch tausendmal schöner als ihr.

Da stieß das böse Weib einen Fluch aus und ärgerte sich grün und gelb vor Eifersucht. Erst wollte sie sich die Kleider vom Leib reißen und gar nicht erst auf diese Hochzeit gehen. Doch die Neugier ließ ihr keine Ruhe. Sie musste diese junge Königin sehen, die angeblich schöner war als sie!

Als sie in den Festsaal trat, erkannte sie, dass die junge Königin keine andere als Schneewittchen war! Da wusste sie, dass ihre schlimmen Taten ans Tageslicht gekommen waren. Sie wollte davonlaufen. Aber die Wachen ergriffen sie. Und dann musste sie die rot glühenden Eisenpantoffel anziehen und so lange tanzen, bis sie tot zur Erde fiel.

Die goldene Gans

Es war einmal ein Mann, der hatte drei Söhne. Der Jüngste war ein bisschen verträumter und langsamer als die anderen. Er wurde deshalb bei jeder Gelegenheit verspottet und ausgelacht und sie nannten ihn Hans, den Dummling.

Einmal ging der älteste Bruder in den Wald, um Holz zu fällen. Die Mutter gab ihm einen feinen Eierkuchen und eine Flasche Wein mit. Als er in den Wald kam, begegnete ihm ein altes graues Männlein.

»Guten Tag«, sagte es. »Gib mir doch ein Stück Kuchen aus deiner Tasche und lass mich einen Schluck von deinem Wein trinken! Ich bin hungrig und durstig.«

Der junge Mann sagte spöttisch: »Geb ich dir meinen Kuchen und meinen Wein, so hab ich selber nichts. Mach, dass du verschwindest!«

Dann ließ er das Männlein stehen und ging weiter, um einen Baum zu fällen. Er schwang die Axt mit kräftigen Schlägen. Aber es dauerte nicht lange, da hackte er daneben und verletzte seinen Arm so sehr, dass er nach Hause musste, um sich verbinden zu lassen.

Darauf ging der zweite Sohn in den Wald, und die Mutter gab ihm, wie dem Ältesten, einen Eierkuchen und eine Flasche Wein mit. Am Wegrand begegnete ihm ebenfalls das alte graue Männchen und bat um ein Stückchen Kuchen und einen Schluck Wein.

Aber der zweite kluge Sohn erklärte: »Selber essen macht satt! Geh mir aus dem Weg!«

Er ließ den Zwerg stehen und ging weiter, um einen Baum zu fällen. Aber die Strafe blieb nicht aus: Kaum hatte der junge Mann ein paar

Hiebe am Baum getan, verletzte er sich am Bein, dass er nach Haus getragen werden musste.

Da sagte Hans: »Vater, lass mich hinausgehen und Holz hauen!«

Der Vater sah ihn etwas mitleidig an und sagte: »Deine Brüder haben sich dabei verletzt. Du verstehst erst recht nichts davon. Lass es sein!«

Hans aber bat so lange, bis der Vater endlich sagte: »Na gut. Zieh los. Durch Schaden wirst du vielleicht ein bisschen klüger werden.«

Die Mutter gab ihm einen Kuchen, der war mit Wasser in der Asche gebacken, und dazu eine Flasche saures Bier. Als der »dumme Hans« in den Wald kam, begegnete ihm ebenfalls das alte graue Männchen.

Als Hans grüßte, sagte es: »Gib mir ein Stück von deinem Kuchen und einen Trunk aus deiner Flasche. Ich bin hungrig und durstig.«

Hans antwortete: »Ich habe leider nur Aschenkuchen und saures Bier, wenn dir das recht ist, so wollen wir uns setzen und essen.«

Sie setzten sich auf einen Baumstamm. Und als Hans seinen Aschenkuchen herausholte, so war's ein feiner Eierkuchen, und das saure Bier war ein guter Wein.

Nun aßen und tranken sie, und danach sagte das Männlein: »Weil du ein gutes Herz hast und mit anderen teilst, so will ich dich belohnen. Wenn du den alten Baum dort fällst, wirst du in den Wurzeln etwas finden.« Dann verabschiedete sich der Zwerg.

Hans fällte den Baum, und als er umfiel, entdeckte er in den Wurzeln eine Gans, die Federn aus reinem Gold hatte. Er holte sie heraus, nahm sie mit sich und ging in ein Wirtshaus, um dort zu übernachten.

Der Wirt hatte drei Töchter, die waren neugierig, was das für ein goldener Vogel war, den der junge Mann auf dem Arm trug. Zu gern hätten sie eine der goldenen Federn gehabt!

Die Älteste dachte: Es wird sich schon eine Gelegenheit finden, und ließ Hans nicht aus den Augen. Als Hans aus der Stube ging, um zu schlafen, packte sie die Gans beim Flügel, um ihr eine goldene Feder auszureißen. Aber oh Schreck: Ihre Finger blieben an den Federn kleben.

Jetzt kam die zweite Schwester, die auch unbedingt eine der goldenen Federn haben wollte. Aber kaum hatte sie ihre Schwester angefasst, um sie beiseite zu schieben, blieb sie an ihr hängen.

Die dritte Schwester kam in der gleichen Absicht. Da schrien die beiden andern: »Bleib weg, um Himmels willen bleib weg!«

Aber sie begriff nicht, warum sie wegbleiben sollte, und dachte: Gönnen sie mir die Feder nicht? Sie wollte ihre Schwestern wegstoßen, die ihr den Weg zur Gans verwehrten. Aber sobald sie die Schwestern am Arm berührte, blieb sie an ihnen hängen. So mussten die drei die Nacht bei der Gans zubringen.

Am anderen Morgen nahm der dumme Hans die Gans in den Arm, ging fort und kümmerte sich nicht um die drei Mädchen, die daranhingen. Sie mussten immer hinter ihm dreinlaufen, links und rechts, wie's ihm in den Sinn kam. Mitten auf dem Felde begegnete ihnen der Pfarrer, und als er die Mädchen sah, sagte er:

»Schämt euch, was lauft ihr zu dritt einem jungen Burschen nach! Schickt sich das?« Er fasste die jüngste Schwester an der Hand und wollte sie zurückhalten. Sobald er sie berührt hatte, blieb er gleichfalls hängen und musste selber hinterdreinlaufen.

Jetzt kam der Küster daher und sah den Herrn Pfarrer, der drei Mädchen verfolgte, und staunte:

»Ei, Herr Pfarrer, wohin lauft ihr so geschwind? Vergesst nicht, dass wir heute noch eine Kindstaufe haben.«

Er packte den Pfarrer am Ärmel und blieb ebenfalls hängen.

Wie die fünf so hintereinander hertrabten, kamen zwei Bauern mit ihren Hacken vom Felde.

»Zu Hilfe!«, rief der Pfarrer. »Macht uns los!«

Kaum aber hatten die Bauern den Küster berührt, der als Letzter in der Kette stand, so blieben sie ebenfalls hängen. Jetzt waren es sieben, die Hans mit der Gans nachliefen.

Hans kam mit seinem Gefolge in eine Stadt, in der herrschte ein König, der große Sorgen mit seiner Tochter hatte: Sie war so ernst und schwermütig, dass sie keiner zum Lachen bewegen konnte. Deshalb ließ der König durch einen Herold auf dem Marktplatz verkünden:

»Wer die Prinzessin zum Lachen bringt, bekommt sie zur Frau.«

Als Hans das hörte, dachte er, das will ich versuchen! Er lief mit seiner Gans und ihrem komischen Anhang zum Schloss.

Als die Königstochter die sieben Menschen erblickte, die schreiend und kreischend hinter Hans und der goldenen Gans herliefen, fing sie laut an zu lachen und wollte gar nicht wieder aufhören.

Da wollte sie Hans zur Braut, wie es der Herold verkündet hatte. Aber dem König gefiel der Schwiegersohn nicht. Er ließ sich noch allerhand Ausreden einfallen.

»Bring mir erst einen Mann, der die Fässer in meinem Weinkeller austrinken kann!«, sagte der König.

Hans dachte an das graue Männchen. Ob der Zwerg ihm auch diesmal helfen konnte? Er ging hinaus in den Wald, und auf der Stelle, wo er den Baum abgehauen hatte, sah er einen Mann sitzen, der ein ganz betrübtes Gesicht machte.

»Was ist los mit dir?«, fragte Hans.

Der Mann antwortete: »Ich hab so großen Durst und kann ihn nicht löschen, das kalte Wasser vertrage ich nicht, ein Fass Wein habe ich zwar schon ausgeleert. Aber das war nur wie ein Tropfen auf einem heißen Stein.«

»Da kann ich dir helfen«, lachte Hans. »Komm nur mit!«

Er führte ihn in den Weinkeller des Königs. Der durstige Mann machte sich über die großen Fässer her und trank und trank. Ehe ein Tag herum war, hatte er den ganzen Keller ausgetrunken!

»Ich habe meine Aufgabe erfüllt«, sagte Hans und verlangte seine Braut vom König.

Der ärgerte sich, dass ein Dummerjan wie Hans seine Tochter bekommen sollte, und stellte neue Bedingungen:

»Schaff erst noch einen Mann herbei, der einen haushohen Brotberg aufessen kann!«

Hans besann sich nicht lange, sondern ging gleich hinaus in den Wald. Da saß auf dem Baumstamm ein Mann, der sich den Leib mit einem Riemen zusammenschnürte. Er machte ein grimmiges Gesicht und sagte: »Ich hab einen ganzen Backofen voll Brot gegessen, aber was hilft das, wenn man so großen Hunger hat wie ich. Mein Magen bleibt leer, und ich muss ihn zuschnüren, wenn ich nicht verhungern will.«

Hans war froh darüber und sagte: »Komm mit mir, du sollst dich satt essen!«

Er führte ihn an den Hof des Königs, der hatte alles Mehl aus dem ganzen Reich zusammenfahren und einen ungeheuren Berg Brot davon backen lassen.

Der hungrige Mann aus dem Wald stellte sich davor, fing an zu essen, und in einem Tag war der ganze Berg verschwunden.

Hans forderte zum dritten Mal seine Braut. Der König aber suchte noch einmal eine Ausrede. Er verlangte ein Schiff, das zu Land und zu Wasser fahren könnte.

»Sobald du damit angesegelt kommst, sollst du meine Tochter zur Frau bekommen«, versprach der König.

Hans ging wieder in den Wald.

Da saß das alte graue Männchen, dem er seinen Kuchen gegeben hatte, und sagte: »Ich hab für dich getrunken und gegessen. Ich will dir auch das Schiff geben, weil du freundlich zu mir gewesen bist!«

Er besorgte ihm das Schiff, das zu Land und zu Wasser fuhr, und als es im Hafen einlief, konnte der König dem dummen Hans (der so dumm gar nicht war!) seine Tochter nicht länger vorenthalten.

Endlich wurde die Hochzeit gefeiert und nach dem Tod des Königs erbte Hans das ganze Reich und lebte noch lange Zeit vergnügt mit seiner Frau und seinen Kindern.

Der Froschkönig
oder
Der eiserne Heinrich

In alten Zeiten, als das Wünschen noch geholfen hat, lebte einmal ein König, der hatte eine hübsche Tochter.

Im Sommer, wenn es heiß war, ging die Prinzessin gern hinaus zu dem kühlen Brunnen am Waldrand und spielte dort mit einer goldenen Kugel. Sie warf sie in die Höhe und fing sie wieder auf. Einmal allerdings gab sie nicht Acht und die Kugel fiel in den Brunnen. Der Brunnenschacht war so tief, dass es unmöglich war, die Kugel wieder herauszuholen.

Die Prinzessin weinte, weil sie ihr Lieblingsspielzeug verloren hatte. Plötzlich rief jemand aus dem Brunnen: »Warum weinst du, Königstochter?«

Das Mädchen sah sich um und entdeckte einen Frosch, der seinen dicken, hässlichen Kopf aus dem Wasser streckte.

»Ach, du bist's, alter Wasserpatscher«, seufzte sie. »Ich weine, weil meine goldene Kugel in den Brunnen gefallen ist.«

»Hör auf zu heulen«, antwortete der Frosch. »Vielleicht kann ich dir helfen. Was gibst du mir, wenn ich dein Spielzeug wieder heraufhole?«

»Was du haben willst, lieber Frosch«, rief die Königstochter. »Meine Kleider, meine Perlen und Edelsteine, auch noch die goldene Krone, die ich trage.«

»Deine Kleider, deine Perlen und Edelsteine und deine goldene Krone mag ich nicht«, quakte der Frosch. »Aber ich möchte dein Freund und Spielkamerad sein. Wenn ich am Tisch neben dir sitzen, von deinem goldenen Teller essen, aus deinem Becher trinken, in deinem Bettchen schlafen darf, dann will ich dir die goldene Kugel heraufholen.«

»Ich verspreche dir alles, was du willst, wenn du mir nur die Kugel wiederbringst«, rief die Prinzessin, die ihr Spielzeug unbedingt wiederhaben wollte.

»Gut! Versprochen ist versprochen! Ich habe dein Wort!«, quakte der Frosch und sprang in den Brunnen. Er tauchte unter und kam nach einer Weile wieder heraufgerudert. In seinem weit aufgerissenen Maul trug er die goldene Kugel. Er hüpfte vom Brunnenrand und rollte die goldene Kugel ins Gras.

Die Königstochter bedankte sich und lief davon.

»He! Halt! Warte, warte!«, rief der Frosch empört. »Nimm mich mit, ich kann nicht so schnell laufen wie du!«

Aber die Prinzessin hörte nicht auf sein Gequake. Sie lief nach Hause und hatte den hilfsbereiten Frosch schnell vergessen.

Am Abend, als die königliche Familie beim Essen saß und die Prinzessin gerade von ihrem goldenen Teller essen wollte, kam – plitsch, platsch, plitsch, platsch – einer die Marmortreppe heraufgepatscht. Als er oben angelangt war, klopfte er an die Tür und rief:

»Königstochter, jüngste, mach mir auf!«

Die Prinzessin lief zur Tür, um nachzusehen, wer draußen wäre.

Als sie den Frosch vor der Tür entdeckte, warf sie die Tür schnell wieder zu und setzte sich mit rotem Kopf an den Tisch, um weiterzuessen.

Der König bemerkte, dass seine Tochter erschrocken war, und sagte: »Mein Kind, wovor fürchtest du dich? Steht etwa ein Riese vor der Tür?«

»Ach nein«, antwortete die Prinzessin. »Es ist kein Riese, bloß ein kleiner, garstiger Frosch.«

»Und was will der Frosch von dir?«

Da erzählte sie, dass ihr die goldene Kugel in den Brunnen gefallen war und dass der Frosch sie herausgeholt hatte.

»Ich musste ihm versprechen, dass er mein Freund und Spielgefährte sein darf. Jetzt ist er draußen und will zu mir herein.«

Da klopfte es zum zweiten Mal, und eine Stimme rief:

Königstochter, jüngste, mach mir auf!
Du hast es versprochen. Darauf will ich pochen.
Königstochter, jüngste, mach mir auf!

Da sah der König seine Tochter mit ernster Miene an und sagte:

»Was du versprochen hast, das musst du auch halten, mein Kind! Geh nur und mach ihm auf!«

Die Prinzessin stand auf und öffnete die Tür. Da hüpfte der Frosch herein und folgte ihr bis zu ihrem Stuhl.

Dort blieb er sitzen und rief: »Heb mich hinauf!«

Sie zögerte, bis der König sie mahnte und sagte:

»Du hast es versprochen!«

Als der Frosch auf dem Stuhl saß, wollte er auf den Tisch, und als er da saß, sagte er: »Nun schieb mir deinen goldenen Teller näher, damit wir zusammen essen können.«

Der Frosch ließ sich's gut schmecken, der Prinzessin aber blieb jeder Bissen im Hals stecken.

Endlich war der Frosch satt. Er gähnte und sagte: »Jetzt bin ich müde. Nun trag mich in deine Kammer und bring mich in dein Bett!«

Die Königstochter fing an zu weinen. Sie fürchtete sich vor dem kalten, glitschigen Frosch, der in ihrem Bett schlafen wollte.

Der König aber wurde zornig und sprach: »Wer dir geholfen hat, als du in Not warst, den sollst du später nicht verachten!«

Angewidert und mit spitzen Fingern packte die Königstochter den Frosch, trug ihn hinauf in ihre Kammer und setzte ihn in eine Ecke.

Als sie im Bett lag, kam er angehüpft und forderte: »Ich will in deinem Bett schlafen! Heb mich hinauf oder ich sag's deinem Vater!«

Da wurde die Prinzessin bitterböse. Nein, in ihrem Bett wollte sie den Frosch nicht haben. Nicht um alles in der Welt. Sie packte ihn, warf ihn gegen die Wand und rief empört: »Wirst du endlich Ruhe geben, du garstiger Frosch!«

Als der Frosch von der Wand fiel, war er kein Frosch mehr, sondern ein Königssohn mit schönen, freundlichen Augen.

Er erzählte ihr, dass er von einer bösen Hexe verwünscht worden war und dass ihn niemand hätte erlösen können, als sie allein. Und dann fragte er sie, ob sie mit ihm in sein Reich kommen und seine Königin werden wollte. Der junge Prinz gefiel der Prinzessin so gut, dass sie nicht lange mit der Antwort zögerte. Sie sagte ihm, dass sie gern seine Frau werden wollte.

Am nächsten Morgen kam ein Wagen vorgefahren, der war mit acht weißen Pferden bespannt. Sie hatten weiße Straußenfedern auf dem Kopf und gingen in goldenen Ketten. Hinten auf dem Wagen aber stand der Diener des jungen Königs, der treue Heinrich.

Der treue Heinrich hatte sich so aufgeregt, als sein Herr von der Hexe in einen Frosch verwandelt worden war, dass er drei eiserne Bänder um sein Herz hatte legen lassen, damit es ihm nicht vor Kummer zersprang. Jetzt war er froh und glücklich, dass sein Herr erlöst war.

Als das junge Paar im Wagen saß und sich winkend vom König, von der Königin und vom ganzen Hofstaat verabschiedete, stellte sich der treue Heinrich hinten auf die Kutsche, um das Brautpaar zu bewachen. Als sie ein Stück gefahren waren, hörte der Königssohn, dass es hinter ihm krachte, als ob ein Rad gebrochen wäre. Da drehte er sich um und rief: »Heinrich, der Wagen bricht!«

Und Heinrich antwortete:

Nein, Herr, das ist der Wagen nicht,
es ist ein Band von meinem Herzen,
das da lag in großen Schmerzen,
als mein Herr im Brunnen saß
und ein Frosch war, grün wie Gras!

Noch zwei Mal krachte es unterwegs, und der Königssohn erschrak immer und dachte, der Wagen bräche. Doch es waren nur die restlichen Bänder, die vom Herzen des treuen Heinrich absprangen, weil sein Herr nun erlöst und glücklich war.

Ich widme dieses Buch der kleinen Prinzessin Lotte!
Ursel Scheffler

Dieses für mich so wichtige Buch möchte ich meinem Mann Martin Prechtel widmen, der nicht nur ritterlich ist, sondern vor allem auch zaubern kann!
Betina Gotzen-Beek

Ursel Scheffler liebt Märchen, seit sie lesen kann. Auch beim Literaturstudium hat sie Märchen und Sagen als einen Schwerpunkt gewählt und ihre Magisterarbeit über das französische Märchen im 17. Jahrhundert geschrieben. Sie hat mit 18 Jahren ihren „Märchenprinzen" getroffen und lebt mit ihm seit über 30 Jahren in Hamburg.
Eines der drei königlichen Kinder hat ihr inzwischen eine Enkelprinzessin namens Lotte beschert. Dieses schöne Märchenbuch ist ein Stück zurückgeholte Kindheit, ein Traum, der mit Hilfe von Bilderzauberin Betina Gotzen-Beek und Lektorats-Fee Martina Kuscheck in Erfüllung gegangen ist.

Betina Gotzen-Beek, geboren 1965, lebt mit ihrem angetrauten Ritter, Gefolge und Haustieren im märchenhaften Freiburg. Als eine der Erfolgreichsten ihrer Zunft, kämpft sie nicht nur für Drachen und um Feen, Zwerge und Hexen, sondern erfüllte sich mit diesem Märchenbuch einen Lebenstraum. Dieses Buch zusammen mit Ursel Scheffler zu gestalten, war eine besondere Freude und ein lang gehegter Wunsch!